www.tredition.de

AF186363

KARRIERE

Ein Ratgeber für junge Führungskräfte

Von der richtigen Einstellung über die Auswahl angemessener Kleidung, ein korrektes Auftreten, eine gewinnende Kommunikation bis hin zum Verhalten in Krisensituationen.

www.tredition.de

Umschlaggestaltung, Illustration, Lektorat und Korrektorat:
Alexander Sprick

Autorenfoto:
Evangeline Cooper, www.evangeline-cooper.de

Verlag: tredition GmbH, Hamburg
ISBN: 978-3-8495-3773-9
Printed in Germany

Bei der Erstellung des Buches wurde mit größter Sorgfalt vorgegangen; trotzdem lassen sich Fehler nie vollständig ausschließen. Verlag und Autor können für fehlerhafte Angaben und deren Folgen weder eine juristische Verantwortung noch irgendeine Haftung übernehmen.

Bibliografische Information der Deutschen Nationalbibliothek:
Die Deutsche Nationalbibliothek verzeichnet diese Publikation in der Deutschen Nationalbibliografie; detaillierte bibliografische Daten sind im Internet über http://dnb.d-nb.de abrufbar.

Inhalt

1 Einleitung

Wer heutzutage im Beruf erfolgreich sein und „Karriere machen" möchte, muss – neben guten Leistungen und einer positiven Einstellung – weitere Faktoren, wie zum Beispiel die Wahl der angemessenen Kleidung, den Umgang mit seinen Mitmenschen oder aber ein korrektes und (selbst)-sicheres Verhalten im Rahmen von kritischen Situationen, beherrschen.

Das vorliegende Buch soll Ihnen aufzeigen, wie Sie durch Ihr professionelles Auftreten, eine vorteilhafte Selbstpräsentation und gewinnende Kommunikation die Sympathien Ihrer Mitmenschen gewinnen.

Des Weiteren werden Ihnen zeitgemäße Umgangsformen sowie Benimm- und Verhaltensregeln vorgestellt, die im heutigen Geschäftsalltag erwartet werden. Unterschätzen Sie dabei nicht, dass gute Umgangsformen eine harmonische Atmosphäre schaffen und Ihnen persönlich zu einem positiven Image verhelfen können.

Das vorliegende Buch soll Ihnen darüber hinaus den Zusammenhang zwischen Erfolg, positivem Denken und der richtigen Motivation verdeutlichen. Es soll Sie ermutigen, sich auf Ihre individuellen Fähigkeiten und Stärken zu konzentrieren, so dass Sie mit Fleiß und festem Glauben Ihr Leistungsvermögen zu steigern in der Lage sind.

Erfahren Sie, wie Sie eine positive und durch Vertrauen geprägte Atmosphäre schaffen, bei der Ihre Persönlichkeit im Vordergrund steht.

Lernen Sie, wie Ihnen gute Beziehungen Türen öffnen. Lernen Sie jedoch auch, dass das, was anschließend hinter diesen Türen geschieht, ausschließlich von Ihren eigenen Fähigkeiten, Ihrer eigenen Überzeugungskraft und Ihrer Persönlichkeit abhängt.

Nachwuchskräften werden die Fehler anderer vorgestellt, die nach Möglichkeit selbst vermieden werden sollten. Oftmals werden Erfolge nämlich erst durch Erkenntnisse möglich, die aus vorhergehenden Misserfolgen gezogen werden.

Nach der Lektüre dieses Ratgebers werden Sie souveräner und sicherer mit Ihren Mitmenschen umzugehen wissen. Sie werden – im Beruf und im Rahmen von gesellschaftlichen Verpflichtungen – auch schwierige Situationen meistern, ohne hilflos oder gar verkrampft zu wirken. Und Sie werden Ihrem großen Ziel, „Karriere zu machen", näherkommen.

Zahlreiche Praxistipps runden diesen Ratgeber ab.

Hinweis: Aus Gründen der besseren Lesbarkeit wird bei geschlechtsspezifischen Begriffen die maskuline Form verwendet. Diese Form versteht sich explizit als geschlechtsneutral. Gemeint sind selbstverständlich immer beide Geschlechter.

2 Erfolg durch positives Denken und Motivation

Die meisten Menschen möchten in ihrem Berufsleben erfolgreich sein und/oder Ihre Karriere erfolgreich gestalten. Abgesehen davon, dass jeder von uns „Erfolg" anderes definiert, reduzieren einige Mitmenschen Erfolg oftmals auf eine rein geschäftliche oder gar finanzielle Ebene. So gibt es einige Mythen und Irrtümer über das Verhältnis von Arbeit und Privatleben, bei denen das Privatleben fast vollständig zurückgestellt bzw. dem beruflichen Erfolg untergeordnet wird. Viele Mitmenschen glauben sogar, dass man nur dann Wertschätzung und Respekt erfährt, wenn man besonders viel, hart und lange arbeitet. Ich aber habe die Erfahrung gemacht, dass man erst dann tatsächlich erfolgreich ist, wenn der Erfolg – ausgewogen – das ganze Leben durchzieht. So sollten Karriere und Finanzen mit Persönlichkeit, Gesundheit, Körper, Familie etc. in Einklang bzw. Balance gebracht werden. Gerät einer dieser Lebensbereiche aus dem Gleichgewicht, so werden zwangsläufig auch andere Bereiche darunter leiden. Als Beispiel: Ein gesundheitlich schwächelnder Manager wird kaum zu fortgesetzten beruflichen Höchstleistungen fähig sein. Wer hingegen in seinem Privatleben glücklich ist, der hat an seine beruflichen Herausforderungen eine gänzlich andere Herangehensweise. Die wichtigste Grundlage für den Erfolg ist die persönliche Zufriedenheit.

Praxistipp: Halten Sie eine ausgewogene Balance zwischen Arbeits- und Privatleben. So ist die Wahrscheinlichkeit hoch, dass Sie gesund und glücklich bleiben.

Während in der Wissenschaft Erfolg als das Erreichen eines definierten Zieles verstanden wird, möchte ich an dieser Stelle die folgenden Faktoren herausstellen:

- Einstellung

  Der direkte Weg zum Erfolg beginnt mit einer positiven Einstellung bzw. Herangehensweise an die Dinge, die es zu meistern gilt. Die ganz Großen – unerheblich auf welchem Gebiet – sind immer mit Optimismus und Leidenschaft bei der Sache.

Positive Menschen warten nicht darauf, dass Ihnen jemand sagt, was sie tun sollen. Sie ergreifen selbst die Initiative, packen Dinge aktiv und tatkräftig an und sehen auch bei Problemen eher ihre Chance. Positive Menschen agieren selbst. Durch ihre Begeisterung stecken sie ihre Mitmenschen nicht nur positiv an, sondern reißen sie möglicherweise gar mit. Negativ eingestellte Menschen sind hingegen oftmals passiv und abwartend. Wer dagegen tatkräftig an seine Aufgaben herangeht, der wird im Regelfall bessere Ergebnisse erzielen, als jemand der zögerlich und passiv reagiert.

Wer positiv lebt, lässt sich von – im Leben unvermeidbaren – Rückschlägen nicht aus der Bahn werfen. Im Gegenteil: Vertrauen Sie sich selbst und verarbeiten Sie solche Rückschläge, indem Sie aus ihnen lernen.

- Gegenwart

Leben Sie in der Gegenwart und genießen Sie das, was Sie tun. Wählen Sie eine Tätigkeit aus, die Ihren Talenten entspricht, bei der Sie Ihr Potential ausschöpfen, die Ihnen Freude bereitet und die Ihnen „liegt". Weshalb? Weil es in unserem Leben nichts gibt, dass uns so viel Zufriedenheit und Selbstwertgefühl geben kann wie eine ausfüllende Arbeitstätigkeit. Die Freude an der eigenen Leistung ist Grundvoraussetzung für den persönlichen Erfolg. Hingegen wird – davon bin ich überzeugt – die Wahl des falschen Jobs unglücklich machen. Wenn Sie beispielsweise schon beim Aufstehen keine wirkliche Lust empfinden, zur Arbeit zu gehen/fahren oder sich häufig unwohl fühlen, wenn Sie zu Nachlässigkeiten und Unaufmerksamkeiten neigen und sich vordringlich auf das Wochenende freuen, so sind das eindeutige Signale dafür, dass Sie grundlegend etwas ändern sollten. Nehmen Sie in einem derartigen Fall die Dinge selbst in die Hand. Bedenken Sie, dass Sie Ihre Arbeit dann am besten machen, wenn Sie die für Sie richtige und geeignete Position ausüben.

Praxistipp: Tun Sie das, was Ihnen gefällt und Ihnen Spaß bereitet – und geben Sie dabei Ihr Bestes!

- Wunschträume

    Träumen Sie und malen Sie sich Ihre eigene Zukunft in Ihrer Phantasie aus. Ohne eine Vorstellung davon, wie es in Ihrer Zukunft aussehen könnte – nämlich dann, wenn sich Ihre Träume erfüllten – werden Sie keine Einstellung dazu finden, welche Träume Sie tatsächlich realisieren wollen.

    Schaffen Sie sich positive Gedankenbilder und fokussieren Sie sich so auf Ihre Ziele. Malen Sie sich Ihre Hoffnungen, Erwartungen und Wünsche aus. Wünsche sind Ziele!

    Lassen Sie die Vergangenheit los, denn die Vergangenheit können Sie nicht mehr abändern. Schauen Sie nicht negativ zurück, sondern positiv nach vorne. Entscheidend ist nicht, was Sie bislang getan haben, sondern all jenes, was Sie nunmehr tun werden. Stellen Sie sich Ihre zukünftigen Erfolge vor. Manchmal ist der Traum schon da, nur beispielsweise nicht in Ihrem derzeit ausgeübten Beruf. Und dann denken Sie daran, dass Ihre Träume Realität werden können, wenn Sie nur etwas dafür tun. Lassen Sie Ihren Träumereien nun Taten folgen und erarbeiten Sie sich Ihre Träume. Sich ein Ziel zu setzen, bedeutet Wünsche und Träume durch den Einsatz von Willen umzusetzen.

    Praxistipp: Versuchen Sie mutig, Ihren Traum zu verwirklichen. Dazu benötigen Sie Willenskraft und Durchsetzungsvermögen.

- Positive Signale

    Wie weiter oben dargelegt, werden Menschen, die aktiv nach Lösungen suchen und die in allem das Positive sehen, von Ihren Mitmenschen geschätzt. Senden Sie deshalb letzteren positive Signale. Seien Sie freundlich, hilfsbereit und ermutigend. Zeigen Sie Ihre gute Laune, indem Sie lächeln und auch mal die eine oder andere kleine Anekdote erzählen. Bedenken Sie: Wer lächelt, wird angelächelt!

    Das Leben hält viele Freuden für uns bereit. Deshalb: Stecken Sie mit Ihrem positiven Charme Ihre Mitmenschen an! Wenn Sie positive Signale aussenden und positiv denken, so sind Sie motiviert und selbstbewusst.

- Lebensphilosophie

Seien Sie Ihren Mitmenschen gegenüber hilfsbereit. Bauen Sie funktionierende Beziehungen auf. Letztere werden dazu beitragen, Ihr eigenes Leben zu bereichern. Wenn Sie anderen Menschen helfen, so ist die Wahrscheinlichkeit hoch, dass man im Leben das erreichen kann, was man sich selbst wünscht. Zu helfen ist nicht nur eine Frage des Charakters.

Letztendlich ziehen alle Beteiligten einen großen Gewinn aus einer Beziehung, die auf Offenheit, Ehrlichkeit, Vertrauen, gegenseitiger Unterstützung, respektvoller Fürsorge und konstruktiver!!! Kritik basiert.

- Planung

Natürlich erreicht man seine Ziele nur dann, wenn man über eine konkrete Lebens- bzw. Handlungsplanung verfügt und langfristig seine Ziele in Zwischenziele unterteilt.

- Charakter

Charakterfestigkeit zeigt sich in der Konsequenz der Taten, die auf die eigenen Worte folgen. Er zeigt sich in der Beharrlichkeit, in der Fähigkeit nach Rückschlägen und Niederlagen nicht zu resignieren, sondern ebendiese zu verarbeiten, um aus ihnen Erfahrungen und Lehren für die Zukunft zu ziehen. Wer im Job nach oben will, muss sich das immer wieder verdeutlichen. Die Möglichkeit, auf Erfahrungen aus der Vergangenheit zurückgreifen zu können, mindert dabei meist die Quote an gegenwärtigen Fehlentscheidungen. Merke: Erfolg kommt nie über Nacht. Erfolgreiche Menschen sind deshalb beharrlich und können auf Belohnungen warten. Sie stecken ihre Energie vor allem in jene Projekte, die langfristig die größte Befriedigung verschaffen.

Wir haben gelernt, dass sich Erfolg als das Verfolgen von Zielen definiert, als bislang unerfüllter Wunsch zur Verbesserung. Visualisieren Sie dazu das angestrebte Ziel intensiv an. „Gammeln" Sie nicht nur in den Tag hinein und nehmen Sie Ihr Leben nicht einfach so hin, wie es gerade kommt. Gestalten Sie selbst! Nur wer seine Ziele deutlich vor Augen hat, wird dazu in der Lage sein, sie auch zu fixieren. Zielsetzung ist aktive Zukunftsgestaltung. Richten Sie Ihr Augenmerk vorrangig auf Ihre Hauptziele. Lassen Sie sich nicht durch Ängste entmutigen und bedenken Sie, dass wir alle viel mehr können, als wir oftmals glauben.

Motivation ist ausschlaggebend – gleich, ob sie in Form von Lob oder Geld von außen kommt oder aus einem selbst heraus. Ob Sie jedoch die Ziele, die Sie sich gesetzt haben, tatsächlich erreichen, hängt im Wesentlichen davon ab, ob Sie sich selbst dauerhaft und wiederholt motivieren können. Dies geschieht durch die erlangte Befriedigung über gute Arbeit. So benötigen Sie die Anerkennung von außen gar nicht, um weiterzumachen.

Motivierte Menschen

- sind voller Begeisterung und Elan (und können dadurch ihre Mitmenschen in ihren Bann ziehen),

- sind konzentriert, zielstrebig und fokussiert,

- reagieren flexibel auf Veränderungen,

- werden aufgrund ihres Erfolges respektiert und geschätzt.

Im Ergebnis ist ein motivierter Mensch produktiver als ein unmotivierter. Topsportler sind deshalb Sieger geworden, weil sie unbedingt den Sieg erlangen wollten.

Praxistipp: Setzen Sie sich realistische, aber ehrgeizige (Karriere-) Ziele und arbeiten Sie bewusst und zielstrebig an deren Verwirklichung. Warten Sie nicht darauf, dass von allein etwas passieren möge! Orientieren Sie sich vor allem nicht am Durchschnitt oder Mittelmaß!

Glauben Sie an den für Sie perfekten Job und Sie werden ihn entdecken! Ganz wichtig: Da es im Leben keine Erfolgsgarantie gibt, lassen Sie sich bitte nicht von einem Misserfolg entmutigen. Erfolg geht immer mit Misserfolg einher. Glauben Sie stets an sich. Nach meiner Erfahrung gibt es immer einen Weg und immer Alternativen. Es ist sehr leicht, Dinge zu beginnen und dann aufzugeben bzw. die Motivation daran zu verlieren. Aufhören ist einfach – Weitermachen hingegen schwierig(er). Interpretieren Sie einen Misserfolg als Zwischenergebnis, als zusätzliche Motivation auf dem Weg zu Ihrem großen persönlichen Ziel. Schauen Sie dabei nach vorne.

Praxistipp: Hören Sie nach Möglichkeit niemals mit einem Misserfolg auf. Machen Sie zumindest solange weiter, bis Sie ein Erfolgserlebnis erreicht haben. Unverarbeitete Misserfolge führen zu Frustration.

Wenn Sie etwas sorgfältig planen, vorbereiten und motiviert durchführen, so werden Ihre Bemühungen von Erfolg gekrönt sein. Und bedenken Sie: Haben Sie sich ein ehrgeiziges Ziel gesetzt, so verschieben Sie Ihre bisherigen Erfahrungen und Grenzen.

Praxistipp: Ruhen Sie sich nicht auf alten Erfolgen aus. Erfolg muss täglich und gegenwärtig neu erarbeitet werden – und das nicht nur im Sport. Denken Sie daran, dass nur der Erfolg, hinter dem Ihre nachweisbar selbst erbrachte Leistung steht, wirklich Selbstbewusstsein verschafft.

Ängste überwinden → Mut ← Gefahren (er)-kennen

↓

Wille

↓

Energie → Stärke und Kraft ← Energie

↓

Leistung

↓

Erfolg

↓

Karriere

Bedenken Sie, dass in der Wissenschaft von einem Zeitraum von ca. zehn Jahren an (Berufs)-Erfahrung ausgegangen wird, um einen Höchstgrad an Professionalität zu erlangen.

Exkurs: Wenn Sie Stress haben, so sollten Sie sich fragen, ob es sich um positiven oder negativen Stress handeln könnte. Positiver Stress bedeutet, dass Ihre Aufgaben eine Herausforderung für Sie und Ihre Kräfte darstellen. Negativer Stress ist dann gegeben, wenn Sie sich Ihren Aufgaben nicht gewachsen fühlen und Sie dadurch Ihre innere Balance verlieren. Letzteres ist ein Alarmsignal dafür, dass Sie etwas verändern sollten.

Zum Abschluss: Trennen Sie sich nicht einfach von Ihrem Ziel, sondern von gewohnten Denkbahnen und hinderlichen und pomadigen Gewohnheiten! Beseitigen Sie Ihre Blockaden. Thematisieren Sie Ihre Zweifel und schütteln Sie letztere dann ab. Zeigen Sie Einsatz und halten Sie sich kein Hintertürchen offen. Viele Menschen fürchten sich vor Veränderung und halten deshalb träge das Bekannte und Gewohnte fest, obwohl sie damit unglücklich sind. Deshalb: Haben Sie Mut! Mut zur Veränderung!

3 Berufliche und persönliche Ziele erreichen

3.1 Umgang mit Vorgesetzten

Vorweg: Ihre beruflichen und persönlichen Ziele erreichen Sie nur durch Überzeugung und mit Engagement. Dazu ist harte und disziplinierte Arbeit sowie Ausdauer unerlässlich. Sie werden niemals überdurchschnittliche Erfolge erzielen, wenn Sie lediglich dazu bereit sind, eine durchschnittliche Arbeitsleistung abzuliefern. Qualität ist eben das Besondere, welches aus der Mittelmäßigkeit herausragt. Mein Ratschlag: Setzen Sie sich bitte in jeder Situation voll ein und versuchen Sie stets, Ihr Bestes zu geben. Sie allein entscheiden durch Ihre Identifikation und mit Ihrer Arbeitsleistung über Ihren beruflichen Erfolg und letztendlich über Ihren Werdegang. Bedenken Sie, dass sich Undiszipliniertheit in Unpünktlichkeit, Unzuverlässigkeit und mangelnder Tüchtigkeit ausdrückt. Dabei ist Zuverlässigkeit üblicherweise ein Mittel, mit dem Sie ohne große Anstrengungen Erfolge erzielen können. So definiere ich Zuverlässigkeit als die Übereinstimmung von Reden und Handeln. Ich schätze zuverlässige Menschen deshalb sehr, da sie solide, seriös und vertrauensvoll agieren.

Wie sollte man sich gegenüber seinem Vorgesetzten verhalten bzw. ihm gegenübertreten? Auf diese Frage gibt es eine einfache Antwort: Fair, kooperativ und respektvoll, ohne gleich zu „buckeln". Halten Sie Ihrem Vorgesetzten stets den Rücken frei! Ein Ratschlag: So wie mit Ihnen umgegangen werden soll, so sollten Sie auch mit Ihrem Chef umgehen.

Beachten Sie die Hierarchie und stellen Sie sich niemals mit Ihrem Chef auf eine Hierarchieebene. Auch bei einem vertrauten Umgang hat letztendlich immer Ihr Vorgesetzter die endgültige Entscheidungskompetenz.

Fallen Sie positiv durch Ihre gute Arbeitsleistung und Ihre positive Einstellung auf, jedoch nicht als „Ja-Sager" und schon gar nicht als Dauernörgler. Seien Sie loyal und machen Sie stets deutlich, dass Sie Ihren Vorgesetzten akzeptieren.

Praxistipp: Halten Sie niemals Informationen vor Ihrem Vorgesetzten zurück! So stärken Sie seine Handlungsfähigkeit.

Abschließend vermeiden Sie bitte jedwede Form von negativen Äußerungen über Ihren Vorgesetzen oder gar über Ihr Unternehmen.

Praxistipp: Üben Sie niemals persönliche Kritik an Ihrem Vorgesetzten. Falls Ihnen dies absolut notwendig erscheint, so bleiben Sie sachlich und vermeiden Sie unbedingt, dass andere Mitarbeiter Ihre Kritik mitbekommen. Äußern Sie berechtigte sachliche Kritik lieber „verpackt", indem Sie beispielsweise einen Verbesserungsvorschlag anbringen. Nach meiner Erfahrung hat eine direkte Konfrontation noch niemandem genutzt.

Sie selbst reagieren souverän auf sachliche Kritik, indem Sie den kritisierten Sachverhalt rational reflektieren. Offensichtlich sind viele Mitmenschen dazu nicht in der Lage und reagieren stattdessen emotional. Falls Sie jedoch dazu in der Lage sind, konstruktive Kritik anzunehmen und sich mit ebendieser Kritik positiv auseinanderzusetzen, so werden Sie sich im Laufe Ihrer Karriere positiv entwickeln und verbessern.

Praxistipp: Versetzen Sie sich immer und immer wieder auch in die Situation Ihres Vorgesetzten. Zu einer guten Kommunikation – auf allen Ebenen – gehört, dass Sie sich gelegentlich während eines Gespräches in die Rolle Ihres Gegenübers versetzen und versuchen, die Angelegenheit aus dessen Perspektive zu betrachten.

Ist Kritik berechtigt, so entschuldigen Sie sich und weisen auf Ihren Lerneffekt hin (den Sie hoffentlich erlangt haben). Haben Sie gar einen Schaden verursacht, so gestehen Sie Ihren Fehler ein und machen Vorschläge, wie der Schaden möglicherweise verringert werden könnte.

Bitten Sie um ein regelmäßiges Feedback. Pauschale Kritik hingegen müssen Sie keinesfalls akzeptieren oder gar ertragen. Bitten Sie deshalb um eine Konkretisierung. Wutausbrüche akzeptieren Sie in keinem Fall. Ihre Reaktion darauf: Bleiben Sie sachlich und machen Sie deutlich, dass Sie den gebotenen Respekt erwarten.

Praxistipp: Versuchen Sie niemals, einen Fehler zu leugnen oder gar zu vertuschen. Stehen Sie für das, was Sie getan haben, ein!

Im Rahmen eines thematischen Gesprächs mit Ihrem Vorgesetzten bleiben Sie sachlich und ein klein wenig selbstbewusst. Fassen Sie sich kurz, bündig und präzise. Seien Sie angenehm und freundlich.

Praxistipp: Sprechen Sie regelmäßig mit Ihrem Vorgesetzten. Halten Sie Small-Talk! Sie werden sehen, dies entspannt grundsätzlich Ihr Verhältnis. Aber auch hier gilt: Anstand heißt Abstand!

Am Rande: Wenn Ihr Chef gerade telefoniert, während Sie sein Büro betreten, so deuten Sie Ihr Hinausgehen an. Wenn keine Reaktion erfolgt, so verlassen Sie bitte diskret das Büro. Bleiben Sie aber auf keinen Fall einfach unaufgefordert während des Telefonates im Büro stehen.

Ganz wichtig: Vermeiden Sie unbedingt die Zerstörung Ihres Vertrauensverhältnisses. So gehört es sich beispielsweise nicht, bei einer Versammlung dem Chef in den Rücken zu fallen. Hier hätte Kritik besser vor der eigentlichen Versammlung in einem Vier-Augen-Gespräch diskutiert werden sollen.

Praxistipp: Gibt es Probleme mit Ihrem unmittelbaren Vorgesetzten, so halten Sie bitte unbedingt den „Dienstweg" ein. Übergehen Sie niemanden! Im Umkehrschluss bedeutet dies natürlich auch für einen Vorgesetzten, dass – sollten Mitarbeiter an diesen herantreten, um den Dienstweg zu umgehen – letztere zunächst an den direkten Vorgesetzten zurück verwiesen werden. Erst wenn dieser keinen Handlungsbedarf sieht, muss die nächste Ebene eingeschaltet werden.

Adaptieren Sie ruhig bestimmte Eigenschaften Ihres Vorgesetzten. Handelt es sich bei diesem beispielsweise um einen „Erbsenzähler", so sollten auch Sie nicht allzu nachlässig mit Ihren Zahlen umgehen.

Legen Sie sich ein „dickes Fell" zu. Sie werden es nicht vermeiden können, in unserer Gesellschaft kritisiert zu werden. Die Art und Weise, wie Sie mit Kritik umgehen können, wird letztendlich darüber entscheiden, ob Sie Ihre Karrierepläne verwirklichen können. Entscheidungen mit zum Teil weitreichenden Konsequenzen – zum Beispiel Kündigungen – werden niemals in Situationen emotionaler Anspannung getroffen. Merke: Lernen Sie, nüchtern und rational zu entscheiden.

Praxistipp: Wenn Sie abends zuhause duschen, versuchen Sie allerspätestens, alle Firmenangelegenheiten „abzuduschen".

Einladen Ihres Chefs, vor allem privat in sein Haus, sind eine besondere Ehre, die oftmals maßvoll dosiert wird. Eine solche Einladung abzulehnen, wäre ein Affront. Lädt der Vorgesetzte Ihre Partnerin mit ein, so teilt er Ihnen das explizit mit. Automatisch ist sie (oder er) jedenfalls nicht dabei. Als Gastgeschenk wählen Sie einen gemischten Blumenstrauß in dezenten Farbzusammenstellungen. Von einer Gegeneinladung Ihrerseits wird eher abgeraten.

Exkurs: Nicht immer lassen sich Dinge im Konsens regeln. Insbesondere in unserer heutigen, globalisierten Welt kommt es häufig zu Fusionen, Verlagerungen oder gar dem Wegfall von Arbeitsplätzen. Für diesen Fall sollten Sie als Arbeitnehmer dahingehend vorsorgen, dass Sie über eine Berufs-Rechtsschutzversicherung verfügen, um im Rahmen einer arbeitsgerichtlichen Auseinandersetzung Ihr Recht und Ihr Geld! erstreiten zu können. Am Rande: Da man – neben Arbeitslosigkeit – auch durch eine Krankheit oder einen Unfall Arbeitsplatz und Einkommen verlieren kann, sollte man frühzeitig beginnen, ein finanzielles Reservepolster zu bilden.

3.2 Umgang mit Untergebenen

Führungskräfte werden dadurch charakterisiert, dass sie gern Verantwortung übernehmen und Entscheidungen treffen. Ferner, dass sie dazu in der Lage sind, rational zu denken, zügig zu erkennen, was getan werden muss und präzise zu handeln.

Als Führungskraft gewinnen Sie durch Ihre Persönlichkeit, Ihre Erfahrung, Ihre guten Argumente, Ihre Kompetenz und Ihr Charisma an Autorität – keinesfalls jedoch durch Lautstärke oder Angeberei. Gute und deshalb auch als Menschen akzeptierte Führungskräfte sind solche, an denen sich Ihre Mitarbeiter ein Vorbild nehmen wollen und die Motivation „leben". Letztendlich hat Ihr eigenes Verhalten direkte Auswirkungen auf die Zufriedenheit Ihrer Mitarbeiter.

Wenn man Ihnen Verantwortung überträgt, so handelt es sich dabei um einen Vertrauensvorschuss, den Sie Ihren Gesellschaftern und/oder Vorgesetzten zurückgeben und Ihren Mitarbeitern weitergeben müssen. Ferner um eine Verpflichtung, persönliche Interessen dem Ganzen unterzuordnen.

Wenn Sie selbst von einer Sache nicht überzeugt sind, wie wollen Sie dann bitteschön Ihre Mitarbeiter davon überzeugen? Also verschaffen Sie sich bitte zuvor die Gewissheit, dass Ihre Auffassung tatsächlich einer kritischen Bestandsaufnahme standhält und seien Sie dazu bereit, Ihre Überzeugung bei besseren Gegenargumenten zu modifizieren.

Praxistipp: Als gute Führungskraft sollten Sie sich immer wieder dahingehend umschauen, ob auch tatsächlich alle Ihre Mitarbeiter Ihnen folgen können!

Der gute und erfolgreiche Vorgesetzte spricht im „Wir"-Jargon, obwohl ihm das „Ich" zustünde. Nur, wenn er einen Misserfolg erklären muss, kennzeichnet er dies auch verbal und sagt „Ich". So veranschaulicht er, dass er die Verantwortung übernimmt. Der schlechte und unsichere Vorgesetzte handhabt es genau umgekehrt.

Aus meiner eigenen Berufserfahrung: Bevor Sie Urteile fällen, versuchen Sie bitte, alle Für und Wider zu berücksichtigen. Vor wichtigen Entscheidungen sollten Sie so viele unterschiedliche Auffassungen wie nur eben möglich einholen. Denken Sie insbesondere über diejenigen nach, die Ihrer eigenen Meinung widersprechen. Je mehr Meinungen Sie eingeholt haben, desto größer dürfte die Wahrscheinlichkeit sein, dass Sie anschließend mit Ihrer Entscheidung richtig liegen werden.

Behandeln Sie alle Mitarbeiter gerecht nach den gleichen Maßstäben, egal ob Sie gegen den einen oder die andere Mitarbeiterin persönliche Vorbehalte hegen.

Sie – als Führungskraft – sollten auch nach einem Job-Wechsel dazu in der Lage sein, sich an Ihrem neuen Arbeitsplatz selbst-(ständig) zu organisieren. Wie jeder Mensch haben Sie nach einem Wechsel bestimmte Ängste und Sorgen. Deshalb nachfolgend einige Hinweise, wie Sie sich – nicht nur nach einem Wechsel – verhalten sollten, um einen erfolgreichen Einstieg zu vollziehen.

Begegnen Sie Ihren Mitarbeitern mit Respekt. Seien Sie freundlich, umgänglich und verständnisvoll. Schenken Sie jedem Mitarbeiter die gleiche Aufmerksamkeit. Seien Sie stets sachlich und fair. Weisen Sie auf den angestrebten gemeinsamen Erfolg hin. Wahren Sie Distanz und erzählen Sie nicht allzu viel Privates. Biedern Sie sich nicht an. Bedenken Sie, dass Sie im Zweifelsfall unangenehme Entscheidungen treffen müssen und dazu sollten Sie über die notwendige Autorität verfügen.

Versuchen Sie, Entscheidungen allein mit Ihrem Verstand und nach Lage der Fakten zu treffen. Aber haben Sie – beispielsweise vor Vertragsunterzeichnungen – ein ungutes Gefühl, so blenden Sie dies bitte nicht aus. Im Ergebnis: Treffen Sie rationale Entscheidungen – aber hören Sie auf Ihr Gefühl als Ratgeber.

Verschaffen Sie sich – nach einem Wechsel – umgehend einen Überblick über die Ressorts und Aufgaben der einzelnen Mitarbeiter. Schauen Sie sich auch unbedingt die Administration an. Eine loyale Verwaltung, ein loyales „Back-Office", unterstützt Sie effizient und zügig bei der Lösung Ihrer alltäglichen Aufgaben. So haben Sie den Rücken für die wirklich wichtigen Tätigkeiten frei, wegen denen Sie wahrscheinlich eingestellt wurden. Wenn die Administration Sie jedoch nicht unterstützt, so werden Sie scheitern!

Praxistipp: Schauen Sie sich in Ruhe die bisherigen Prozesse an. Nehmen Sie nicht nach wenigen Wochen eine Umverteilung von Aufgaben vor. Ausnahme: Sie haben einen Sanierungsfall übernommen. Weisen Sie explizit darauf hin, dass es zunächst bei der bisherigen Aufgabenverteilung bleibt. So vermitteln Sie Ihren Untergebenen Sicherheit.

Meiner eigenen Erfahrung nach ist es am sinnvollsten, sich Abläufe über einen Zeitraum von sechs Monaten anzuschauen und anschließend Modifikationen vorzunehmen. Heben Sie die Vorteile dieser Veränderungen hervor, um Akzeptanz zu erzielen. Lassen Sie keinesfalls Ausreden wie „Das haben wir aber schon immer so gemacht" gelten! Auch liebgewonnene Gewohnheiten sollten stets auf dem Prüfstand stehen. Durchdenken Sie jedoch Ihre Änderungsanliegen bis ins Detail, bevor Sie die Veränderungen vornehmen. Undurchdachte Modifikationen machen Sie nämlich leicht angreifbar.

Praxistipp: Als Vorgesetzter werden Sie in Ihrem Berufsleben zahlreiche Verträge, zum Beispiel Arbeitsverträge, Dienstleistungsverträge etc. abschließen. Schließen Sie nur solche Verträge ab, die Sie und Ihr Verhandlungspartner auch tatsächlich verstehen. Ich habe zahlreiche Verträge gesehen, die derartig kompliziert ausgehandelt waren, dass am Ende eine Vielzahl von teuren Anwälten die Konsequenzen ausgefochten haben. Deshalb ein ganz elementarer Hinweis für Ihre Karriere: Halten Sie die Dinge (Prozesse, Verträge etc.) einfach!

„Siezen" Sie Ihre Mitarbeiter, um Distanz zu wahren. Ein einmal angebotenes „Du" schafft zwar Nähe, lässt sich aber nicht mehr zurückziehen. Denken Sie daran, dass Sie eventuell später einmal in eine Konfliktsituation mit einem Untergebenen kommen können – im Extremfall, indem Sie eine Kündigung aussprechen müssen oder sich vor dem Arbeitsgericht duellieren.

Verwenden Sie bitte weder die Anrede „Fräulein" noch die Anrede „Gnädige Frau"! Übertragen Sie auch keine Titel eines Ehemannes auf dessen Gattin.

Falls Sie kritisieren (müssen), bleiben Sie stets sachlich und vermeiden Sie jedwede Form der persönlichen Kritik. Nehmen Sie Rücksicht auf die Gefühle Ihrer Mitmenschen! Vermeiden Sie Pauschalurteile und formulieren Sie Ihre Kritikpunkte konkret. Setzen Sie am konkreten Anlass an. Besser noch: Eröffnen Sie mit positiven Beobachtungen, die Sie gemacht haben, ein Gespräch. Insbesondere bei Beurteilungsgesprächen sollten Sie immer ehrlich, aber niemals verletzend argumentieren. Zeigen Sie Ihr Verständnis, zum Beispiel, indem Sie ausführen, dass Ihnen etwas Vergleichbares in der Vergangenheit ebenfalls einmal unterlaufen ist. Weisen Sie in einem solchen Fall jedoch unbedingt auf Ihren Lerneffekt hin, den Sie gezogen haben. Aus meiner eigenen Erfahrung kann ich berichten: Die Wirkung Ihrer Worte ist wichtiger als die Worte selbst!

Praxistipp: Kritisieren Sie zeitnah! Wählen Sie einen geeigneten Termin und Ort für Ihr Vier-Augen-Gespräch. Ihr Gesprächspartner muss am Ende sein Gesicht wahren können! Für den Fall, dass Sie bis zu einem Beurteilungsgespräch warten (müssen), haben Sie für jeden Mitarbeiter einen Hängeordner in Ihrem Schreibtisch angelegt. Hier notieren Sie kurz Ihre Beobachtungen oder legen Kopien ab, um sich in dem späteren Beurteilungsgespräch an derartige Sachverhalte erinnern zu können.

Bedenken Sie, dass Kritik immer konstruktiv sein sollte, um Verbesserungen zum Ziel zu haben. Wenn Sie einen Mitarbeiter kritisieren, zeigen Sie ihm, dass Sie fest daran glauben, dass er es besser machen kann.

Gestehen Sie Ihren Mitarbeitern zu, dass letzteren Fehler unterlaufen können. Niemand arbeitet fehlerfrei und harsche Kritik ist oftmals vollkommen unangebracht. Im Gegenteil: Sie fördert weitere Fehler. Falls jedoch ein Fehler wiederholt auftritt, sollten Sie eingreifen. Neue Fehler können passieren, dieselben Fehler sollten jedoch nicht wiederholt vorkommen.

Lassen Sie keine Ausreden gelten. Bei Ausreden handelt es sich um den Versuch, begangene Fehler zu vertuschen und Verantwortung abzuwälzen. Sie erkennen eine Ausrede, indem Ihr Gesprächspartner Wörter wie beispielsweise „eigentlich", „vielleicht" oder „aber" verwendet. Drängen Sie in einem solchen Fall darauf, dass Ihr Gesprächspartner seinen Fehler eingesteht und sich auf die Abstellung des begangenen Fehlers konzentriert.

Nach meiner Erfahrung schließen Sie ein Konfliktgespräch mit einem kleinen Small-Talk.

Gehen Sie großzügig mit Lob („Lob führt zum Ziel!") und vorsichtig mit Kritik um. Durch ein spontanes Lob erkennen Sie wirkungsvoll eine erbrachte Leistung an. Doch Lob hat noch eine zweite Funktion: Ansporn für die nachfolgenden und weiteren Aufgaben geben! Auch kleine Gesten und Dankesworte entfalten oftmals große Wirkung. Worte wie „Danke" und „Bitte" signalisieren Ihrem Mitmenschen, dass sein Verhalten nicht als selbstverständlich angesehen wird. Reden Sie Ihre Mitstreiter stark! Urteilen Sie niemals vorschnell. Lob und Komplimente können Sie sehr gern vor Mithörern aussprechen – Kritik bitte nur unter vier Augen und immer mündlich in einem angemessenen Gespräch.

Sollte Ihnen selbst ein Fehler unterlaufen, dann stehen Sie bitte offen(siv) dazu. So wirken Sie menschlich und werden sicherlich Respektpunkte sammeln.

Exkurs: Seien Sie selbstkritisch. Analysieren Sie nüchtern Ihre Fehler. So legen Sie sich selbst gegenüber Rechenschaft ab und lernen für die Zukunft aus Ihren Fehlern.

Am Rande: Hören Sie auf keiner Management-Ebene auf, Fragen zu stellen. Sie geben sich keinesfalls eine Blöße, wenn Sie eine Frage stellen. Auch anstehende Sitzungen können durch die Ausarbeitung von Fragen entsprechend vorbereitet bzw. antizipiert werden.

Praxistipp: Verlassen Sie sich nur auf sich selbst! Sie dürfen – unabhängig von Ihrem Beruf – Ihren potentiellen Erfolg und die Erfüllung Ihrer Wünsche niemals anderen Menschen in die Hände legen. Wenn Sie auf sich selbst zählen, werden Sie dazu in der Lage sein, auch schwierige Situationen selbst zu meistern. Als Beispiel sollten Sie durch ein entsprechendes Netzwerk für den Fall einer überraschenden Arbeitslosigkeit vorgesorgt haben.

Zusammengefasst: Im zwischenmenschlichen Umgang behandeln Sie bitte alle Mitarbeiter – von der Reinigungskraft bis hin zum Vorstand – mit dem gleichen Respekt. Beruflich beurteilen Sie ausschließlich die Leistung. Hier blenden Sie alle weiteren Faktoren wie Alter, Geschlecht, Betriebszugehörigkeit und persönliche Sympathien bzw. Antipathien aus. Bedenken Sie, dass nur die Leistung Anerkennung finden darf, die auf eigenen Anstrengungen beruht.

Exkurs: Ich bin der festen Überzeugung, dass ein Unternehmen jungen Menschen die Chance geben sollte, eine Ausbildung zu durchlaufen. Gespräche mit jungen Menschen reißen mich sehr oft aus eingefahrenen Denkmustern. Sie vermitteln eine Sicht der Dinge, die einem Unternehmen sehr nützen kann. Insbesondere der Austausch zwischen jungen und älteren Mitarbeitern im Rahmen einer Zusammenarbeit kann für alle Beteiligten sehr fruchtbar sein. Für ein Unternehmen kann dieser Austausch zwischen Erfahrung einerseits sowie Neugierde und Tatendrang andererseits sogar existenzsichernd sein.

Praxistipp: Wenn ein Mitarbeiter kündigt oder Sie eine Trennung vornehmen müssen, so achten Sie als Vorgesetzter darauf, dass keiner Ihrer Mitarbeiter in Unfrieden von Ihnen scheidet. Da man sich immer mindestens zweimal im Leben sieht, nehmen Sie sich bitte Zeit, respektvoll und professionell die offenen Punkte zu klären. Betrachten Sie den (Ex-) Mitarbeiter keinesfalls als Verräter oder Verlierer, sondern sehen Sie den Menschen. Versuchen Sie durchaus, sich in dessen Situation hineinzuversetzen. Möglicherweise erblicken Sie dann Missstände, die besser abgestellt werden sollten. Als scheidender Mitarbeiter überwerfen Sie sich zum Abschluss nicht mit Ihrem ungeliebten Kollegen. Einer möglichen kurzfristigen Genugtuung folgt möglicherweise Jahrzehnte später ein gewaltiger Schaden – nämlich, wenn man sich in neuen Positionen oder Funktionen wiedertrifft.

Als weibliche Führungskraft achten Sie darauf, dass Kolleginnen oftmals größere Hürden als männliche Kollegen darstellen. Hier gilt in hohem Maße: Vertrauen Sie nur sich selbst!

Exkurs: Bis heute verstehe ich nicht, weshalb der Anteil an Frauen in den Spitzenpositionen der deutschen Wirtschaft so gering ist. Wenn Sie in die Führungsetagen deutscher Unternehmen schauen, so werden Sie feststellen, dass Schlüsselpositionen fast immer von – älteren – Männern eingenommen werden. Dabei sind nach meinen Erfahrungen Frauen psychisch und physisch oftmals stärker als vergleichbare männliche Kollegen. Sie haben häufig viel härter für ihre Karriere arbeiten müssen. Hinzu kommt, dass Frauen genauso tüchtig und oftmals viel weniger eitel als Männer sind. US-amerikanische Unternehmen wie zum Beispiel Hewlett Packard oder Yahoo! mit ihren Chefinnen sind den deutschen Firmen hier deutlich voraus.

3.3 Umgang unter Kollegen

Vorweg: Kluge Menschen bzw. Menschen, die über eine Portion emotionale Intelligenz bzw. Kompetenz verfügen, wissen, wie sie angenehme Arbeitsbeziehungen zu ihren Kollegen aufbauen: Freundlichkeit, eine Prise Humor und eine gesunde Portion Selbstvertrauen sind elementarer Bestandteil guter Beziehungen zu den Kollegen.

Als neuer Kollege sollten Sie sich zunächst über die bisherige Aufgabenverteilung in Ihrem Unternehmen einen Überblick verschaffen. So können Sie rasch abschätzen, welche Tätigkeiten zu Ihrem unmittelbaren und direkten Aufgabenbereich gehören und welche (ungeliebten) Tätigkeiten Ihre Kollegen lediglich an den „Neuen" delegieren bzw. verlagern wollen. Vorsicht: Haben Sie zu Beginn derartige ungeliebte Tätigkeiten übernommen, so wird Ihnen eine bestimmte Rolle zugewiesen, die Sie dauerhaft lieber nicht innehaben sollten. Erledigen Sie deshalb vorrangig die Aufgaben, die tatsächlich zu Ihrem eigentlichen Betätigungsfeld gehören. Stellen Sie dies – falls notwendig – auch gegenüber Ihren Kollegen heraus.

An allgemeinen Verpflichtungen, wie zum Beispiel turnusmäßigem Kaffeekochen, sollten Sie in demselben Umfang teilnehmen, wie Ihre Kollegen, um nicht als Außenseiter abgestempelt zu werden.

Meiner Erfahrung nach sollten sich Erwachsene, die sich nicht sonderlich gut kennen, mit „Sie" ansprechen. Kollegen, die beispielsweise im Einzelhandel mit regem Kundenverkehr tätig sind, sollten ebenfalls beim „Sie" bleiben.

Praxistipp: Verwenden Sie das sogenannte „Hamburger Sie"! Es stellt einen Mittelweg dar, wenn man sich einerseits nicht vertraut genug zum „Duzen" fühlt, andererseits das „Siezen" als zu distanziert empfindet. Zum Beispiel: „Alexander, helfen Sie mir doch bitte ..." Verwenden Sie keinesfalls das sogenannte „Kassiererinnen-Du": „Frau Meier, weißt Du, wie viel die ... kosten?"

Erledigen Sie die Aufgaben, die zu Ihrem Ressort gehören, vorbildlich. Sollte Ihnen Ihr Vorgesetzter jedoch regelmäßig Mehrarbeiten zuweisen, die nicht in Ihr Ressort fallen bzw. die nicht zu Ihrem Aufgabengebiet gehören, so sollten Sie ihm sachlich klar machen, dass Sie diese Aufgaben sehr gern übernehmen, dann jedoch eigene wichtige Tätigkeiten zurückgestellt werden müssten. Eine derartige Reaktion zeigen Sie natürlich nicht bei kurzfristigen Engpässen, sondern nur dann, wenn sich ein Dauerzustand abzeichnet.

Machen Sie gegenüber Ihrem Vorgesetzten deutlich, dass Ihnen Ihr Tätigkeitsbereich Freude bereitet und Sie sich noch gern weitere Qualifikationen aneignen möchten. Sie werden sehen, Ihr Eifer wird prompt gefördert ... und Sie bekommen die eine oder andere Weiterbildung bewilligt.

In fast jedem Unternehmen gibt es Tratsch und bestimmte Negativäußerungen. Wo mehrere Menschen auf engem Raum zusammenarbeiten, ist das Interesse an- und untereinander oftmals groß. Es dürfte Ihnen zwar kaum gelingen, sich aus dem üblichen Büroklatsch herauszuhalten, Sie sollten sich jedoch niemals dazu verleiten lassen, sich über andere Betriebsangehörige negativ auszulassen. Dies gilt im Übrigen auch bezüglich Kunden Ihres Hauses. Seien Sie diskret und üben Sie Zurückhaltung. Enthalten Sie sich lieber Ihrer Meinung. Zudem werden häufig bewusst Intrigen eingefädelt, um Konkurrenten auszuschalten. Hier gilt für Sie: Gehen Sie solchen Intriganten aus dem Weg! Meiner Meinung nach ist Mobbing kein Kavaliersdelikt und sollte nicht verharmlost werden. Versetzen Sie sich hier bitte in die Situation des ausgeguckten Opfers!

Praxistipp: Sollten in Ihrem Unternehmen gezielt Gerüchte gestreut werden, so gehen Sie bitte derartigen Gerüchten systematisch auf den Grund. Gerüchte vergiften das zwischenmenschliche Miteinander, da sie bewusst und anonym jemandem schaden sollen. Klären Sie Intrigen auf, indem Sie Beweismaterial (zum Beispiel E-Mails) sichten, sammeln und aufbewahren. Gegen Mobbing hilft nur, das Übel an der Wurzel zu packen. Wenden Sie sich an Ihren Vorgesetzten oder den Betriebsrat. In gravierenden Fällen nehmen Sie bitte anwaltliche Hilfe in Anspruch. Lassen Sie auf jeden Fall im Betrieb eine Klarstellung vornehmen.

Praxistipp: Gewöhnliche Probleme und Konflikte diskutieren Sie bitte dann, wenn sich die Gemüter ein klein wenig abgekühlt haben. Meiner Erfahrung nach macht es Sinn, auch einmal einen Tag lang abzuwarten, so dass die sich anschließende Diskussion durch Rationalität, also Logik und Vernunft, gekennzeichnet ist, nicht jedoch durch Emotionen. Jedenfalls sollten Sie beleidigende Aussagen oder Fragen in ruhigem und sachlichem Ton zurückweisen.

Exkurs: In jeder Diskussion können Sie überprüfen, ob Ihr Vorhaben eventuelle Aspekte enthält, die Sie noch nicht einkalkuliert haben. Beenden Sie als Vorgesetzter möglichst keine Diskussion kraft Ihres Amtes. Diskussionen stellen meiner Meinung nach „Sparring" in reinster Form dar.

Als Frau sollten Sie Ihr Licht keinesfalls unter den Scheffel stellen. Sie sollten ein Gespür für Ihr Leistungsniveau entwickeln und – bei fachlichen Erfolgen – auch Ihre Rechte und entsprechende Gegenleistungen einfordern. Seien Sie sich Ihres „Marktwertes" bewusst. Aber verzichten Sie doch bitteschön darauf, Emanzipation zu „leben", sondern überzeugen Sie lieber durch Ihre fachliche Kompetenz und durch eine konstant gute Arbeit. Versuchen Sie keinesfalls, im Wettbewerb eine bestimmte Arbeit besser als ein männlicher Kollege zu verrichten. Also: Verzichten Sie auf jedwede Form des Geschlechterkampfes! Treten Sie dennoch selbstbewusst und charmant auf und bleiben Sie in der Sache „knallhart". Achten Sie auf selbstsichere Formulierungen ohne Relativierungen wie zum Beispiel „eigentlich".

Praxistipp: Nutzen Sie bestimmte Netzwerke, die auf Frauen ausgelegt sind.

Für alle: Bei einem Fauxpas gegenüber einem Kollegen ist eine zeitnahe persönliche Entschuldigung notwendig. Seien Sie dabei sachlich und ernst. Entschuldigen Sie sich in ganzen Sätzen. Vermeiden Sie Ironie und geben Sie Ihrem Gegenüber keine Mitschuld. Verfallen Sie andererseits aber nicht in einen endlosen Entschuldigungsmonolog. Wichtig ist letztendlich, dass der Adressat die Aufrichtigkeit Ihrer Entschuldigung spürt.

Praxistipp: Entschuldigen Sie sich bei einem Kollegen ernsthaft im Rahmen eines Vier-Augen-Gespräches.

Sie selbst sollten wiederum eine aufrichtige und ehrlich gemeinte Entschuldigung eines Kollegen annehmen. Über kleinere Fehltritte schauen Sie selbstverständlich hinweg. Wiederholen sich jedoch größere Vorfälle oder greift Sie ein bestimmter Kollege immer wieder ungerechtfertigt an, so stellen Sie die betreffende Person in einem Vier-Augen-Gespräch hinter verschlossener Tür zur Rede. Drohen Sie bei wiederholtem Verstoß gezielt weitergehende Konsequenzen an.

Zum Abschluss: Es kann sinnvoll sein, sich in bestimmten Situationen neutral zu verhalten. Wenn Sie nicht betroffen sind, sollten Sie lieber keine Energie für Konflikte verlieren, die Sie ursächlich nicht betreffen. Behalten Sie stattdessen lieber Ihre eigenen Ziele im Auge.

3.4 Umgang mit Gästen

Beim Besuch von Gästen ist der oberste Grundsatz natürlich immer das Wohlbefinden des Gastes. Bedenken Sie stets, dass Sie bzw. Ihr Unternehmen der Gastgeber ist und der Gast auf unbekanntem Terrain möglichst wenig allein(gelassen) sein sollte.

Zu Beginn: Informieren Sie bitte rechtzeitig Ihren Empfang. Letzterer wird Sie in Kenntnis setzen, sobald der Gast eingetroffen ist.

Exkurs: In modernen Unternehmen ist häufig im Empfangsbereich ein Monitor angebracht, um angemeldete Gäste namentlich zu begrüßen.

Sie holen Ihren Gast ohne irgendwelche Verzögerungen persönlich am Empfang ab, begrüßen ihn namentlich und führen ihn in ein ansprechend hergerichtetes Besprechungszimmer. Gehen Sie bei schmalen Gängen ruhig voran und öffnen Sie für Ihren Gast die Türen. Lassen Sie ihrem Gast beim Betreten des Fahrstuhls den Vortritt. Machen Sie ihn vor Beginn der Besprechung auf die Toilette aufmerksam.

Sie haben zuvor veranlasst, dass in dem Besprechungsraum Kaffee, Erfrischungsgetränke und Snacks zur Verfügung stehen. Derartige Erfrischungen werden auf einem Beistelltisch und nicht etwa in der Mitte des eigentlichen Besprechungstisches platziert. Dadurch vermeiden Sie, dass gleich zu Beginn zwischen Ihrem Gast und Ihnen eine Barriere entsteht.

Praxistipp: Hat Ihr Gast eine weite Anreise hinter sich, so gehen Sie zuerst mit ihm essen.

Praxistipp: Haben Sie regelmäßig mit wiederkehrenden Gästen zu tun, so legen Sie bitte in Ihrem elektronischen Notizblock über diese Person eine Karteikarte mit persönlichen Vorlieben, Eigenheiten etc. an. Dies betrifft sowohl geschäftliche als auch private Thematiken. So wissen Sie zum Beispiel gleich, ob jemand seinen Kaffee ohne Zucker oder mit Milch bevorzugt. Handelt es sich beispielsweise um einen Fußballfan von Hannover 96, so haben Sie gleich ein Thema für den Small-Talk.

Grundsätzlich haben Sie Ihr Gespräch bereits im Vorfeld inhaltlich sorgfältig vorbereitet, um keine negative Überraschung zu erleben. Sie werden in kaum einer Verhandlung Erfolge erzielen können, wenn Sie sich nicht zuvor ein Konzept erarbeitet haben, in dem möglichst alle Eventualitäten und Risikofaktoren berücksichtigt bzw. genauestens durchkalkuliert sind.

Sie bieten Ihrem Gast einen Platz zur eigenen Wahl an und fragen, ob Sie etwas reichen dürfen. Erst daran anschließend setzen Sie sich selbst. Setzen Sie sich bitte nicht frontal gegenüber, sondern setzen Sie sich neben Ihren Gast oder besser über Eck. Vor dem eigentlichen geschäftlichen Gespräch führen Sie den eben erwähnten Small-Talk.

Müssen Sie sich während Ihres Gespräches Notizen machen, so achten Sie bitte darauf, dass Ihr Gast Ihnen offen in die schreibende Hand schauen kann. Schließlich (sollten) Sie nichts zu verbergen haben.

Nach Gesprächsende geleiten Sie Ihren Gast zum Abschluss noch zum Ausgang Ihres Unternehmens. Sie danken für das Gespräch und bekunden Ihr Interesse, die Verbindung fortzusetzen (so Sie die Verbindung denn tatsächlich vertiefen möchten).

Nach meinen Erfahrungen ist spätestens zu diesem Zeitpunkt für viele Führungskräfte der Besuch abgeschlossen. Doch halt: Meiner Meinung nach hat nunmehr die eigentliche Arbeit zu erfolgen, nämlich eine detaillierte Nachbereitung des Gespräches. Noch am selben Tag – idealerweise im direkten Anschluss an ein derartiges Gespräch – ist ein kurzes Protokoll anzufertigen. Vermerken Sie durchaus Einschätzungen und Pannen und veranlassen Sie intern die besprochenen Handlungen.

Praxistipp: Bevorzugen Sie den Umgang mit offenen, ehrlichen und gewissenhaften Menschen! Einen offenen Menschen erkennen Sie daran, dass er Ihnen auch längere Zeit in die Augen schauen wird sowie natürlich an seiner Gestik.

3.5 Fortbildung

Wie bereits mehrmals dargelegt, sind neben Ihrem positiven Denken und Ihrer Einstellung zweifelsohne fundierte Fachkenntnisse und Fähigkeiten erforderlich, um erfolgreich zu sein.

Mein Ratschlag: Erweitern Sie Ihre Fachkenntnisse ständig, indem Sie bereit sind, täglich neues Wissen zu erwerben und Ihre Kenntnisse zu vertiefen. Nehmen Sie dafür auch Mühen und Unbequemlichkeiten in Kauf. Da Sie im Wettbewerb stehen, werden sonst andere – bildlich betrachtet – an Ihnen vorbeiziehen. Bedenken Sie, dass Sie Ihre Erfolge der Tatsache verdanken, dass Sie mehr Wissen angesammelt haben, als andere Menschen. Deshalb: Die Zeit, die Sie aufwenden, um Ihr Wissen zu mehren, ist eine Investition in Ihre Entwicklung.

Beispiel: Eine mir zugeordnete Buchhalterin sollte die Kontensalden aus der monatlichen Finanzbuchhaltung in eine Reporting-Tabelle übertragen. Sie tippte dazu Kontosaldo für Kontosaldo in die Reporting-Tabelle ein und benötigte rund vier Stunden ihrer Arbeitszeit. Als ich diese Vorgehensweise bemerkte, zeigte ich ihr, wie Sie die Daten aus dem Buchhaltungsprogramm exportieren und über einen sogenannten S-Verweis direkt in die Reporting-Tabelle importieren konnte. Die Salden wurden dabei gleich automatisch den jeweiligen Konten zugeordnet. Zeitaufwand: 3 Minuten!

Praxistipp: Lernen Sie möglichst frühzeitig einige Fremdsprachen. Ich habe im Rahmen meiner eigenen beruflichen Laufbahn leitende Angestellte erleben dürfen, die mit einer unglaublichen Leichtigkeit in mehreren Sprachen Vertragsverhandlungen zu führen wussten. Im heutigen globalisierten Berufsleben sind – selbst in kleineren Unternehmen – sichere Englischkenntnisse unabdingbar. Darüber hinaus empfehle ich Ihnen, möglichst früh weitere Fremdsprachen zu erlernen.

Jungen Akademikern sei zudem angeraten, dass man sich – insbesondere nach einem Neueintritt in ein Unternehmen – von den langjährigen Mitarbeitern die eine oder andere praktische Vorgehensweise abschaut. Hintergrund ist, dass mir bereits mehrmals aufgefallen ist, dass bei Hochschulabsolventen die Fähigkeit, konkrete Aufgaben möglichst pragmatisch zu lösen, unterentwickelt zu sein scheint. Merke: Anstelle eines verschachtelten Gedankengebäudes lieber versuchen, mit geradliniger Einfachheit zum Ziel zu kommen. Während der Theoretiker lediglich weiß, wie etwas sein müsste, ist dem Praktiker bewusst, wie es tatsächlich ist.

Praxistipp: Beobachten Sie, welche Fehler anderen Mitarbeitern unterlaufen und lernen Sie daraus, diese Fehler selbst zu vermeiden.

Als Resümee: Wenn Sie Ihr Einkommen tatsächlich nachhaltig steigern wollen, so sollten Sie sich von sich aus weiterbilden (auch, wenn es Ihr Unternehmen einmal nicht bezahlt), denn Wissenssteigerung führt definitiv zur Karriereentwicklung.

4 Eindruck

Um im Berufsleben dauerhaft erfolgreich zu sein, sollten Sie Ihre Wirkung auf andere Menschen und insbesondere Ihre Selbstdarstellung nicht unterschätzen. Wie kommen Sie bei Ihren Mitmenschen an? Deshalb sollten Sie Ihre fachliche Kompetenz und eine angemessene Selbstsicherheit im Auftreten miteinander verbinden. Beginnen Sie zunächst, darüber nachzudenken, wie Sie sich einzigartig selbst „verkaufen".

Strahlen Sie stets Souveränität und Kompetenz aus, indem Sie im Berufsalltag eine gerade Körperhaltung einnehmen, ordentlich sitzen und am Arbeitsplatz beispielsweise keinesfalls aus der Flasche trinken. Ihre Körpersprache sollte in Kombination einerseits Selbstbewusstsein ausstrahlen sowie andererseits natürlich und unverkrampft wirken. Nur wer aufrecht steht, überzeugt. Größe macht nämlich andere aufmerksam. Lassen Sie Ihre Schultern nicht hängen, denn hängende Schultern symbolisieren Kraftlosigkeit und Verschlossenheit. Verstecken Sie Ihre Hände nicht. Hände verraten mehr als 1.000 Worte. So signalisiert Ehrlichkeit, wer die Innenflächen seiner Hände zeigt. Nebenbei bemerkt: Da Ihre Hände wie eine Visitenkarte sind, sollten Sie regelmäßig Ihre Nägel kürzen, da letztere nicht über die Fingerkuppen hinauswachsen sollten.

Des Weiteren gilt:

- Bewusste Gesten wirken sympathisch und steigern das Denkvermögen. Brechen Sie Ihre Gesten nicht ab, sondern halten Sie für eine Sekunde inne. Wer seine Gestikulation nicht vollendet, macht auch gedanklich einen Rückzieher. Zudem wirken Gesten in Brusthöhe stark und positiv.

- Eine dem Gegenüber abgewandte Körperhaltung ist unhöflich. Deshalb dem Gesprächspartner immer den Oberkörper zuwenden. Am Rande: Das demonstriert zudem Sicherheit.

- Wer im Stehen hin und her wippt, ist sich nicht sicher. Soll er nun seinem Gefühl (linkes Bein) oder seinem Verstand (rechtes Bein) folgen?

- Ein bei der Begrüßung lang ausgestreckter Arm symbolisiert Ablehnung. Der Grüßende möchte sich sein Gegenüber vom Leib halten.

- Übereinandergeschlagene Beine verraten Abwehr, wenn der Fußknöchel auf dem Knie des anderen Beins liegt.

Im Gespräch verschränken Sie keinesfalls die Arme in Abwehrhaltung vor dem Körper. Seien Sie überzeugend und gehen Sie stets freundlich und mit echtem und aufrichtigem Interesse auf Ihre Mitmenschen zu.

Ihr Schreibtisch sollte auch in Belastungssituationen aufgeräumt und sauber sein. Organisieren Sie sich selbst! Hierzu ein Tipp: Indem Sie die Anzahl an Unterschränken, Rollcontainern etc. an Ihrem Schreibtisch verringern, haben Sie weniger Ablagefläche zur Verfügung und arbeiten geordneter. Probieren Sie es einmal aus!

In Großraumbüros rufen Sie sich keinesfalls etwas über Ihre Kollegen hinweg zu, sondern stehen besser auf und gehen zu Ihrem Gesprächspartner.

Praxistipp: Denken Sie positiv und bewahren Sie jeden Ihrer Erfolge im Hinterkopf. Aber auch nach einem geradezu beachtlichen Triumph sollten Sie keinesfalls überheblich werden! Je lauter Sie triumphieren, desto mehr und eher fallen Sie Ihren Mitmenschen negativ auf.

Alter und Geschlecht spielen im modernen Berufsalltag dem Grunde nach zunächst keine gravierende Rolle. Vielmehr ist der Rang einer Person in der Firmenhierarchie ausschlaggebend. So grüßt der Rangniedrigere den Höheren zuerst. Sollten Sie einen Raum betreten, so grüßen Sie den männlichen Chef vor der älteren Sekretärin. Am Rande: Heute grüßt übrigens derjenige zuerst, der einen Raum betritt oder der auf eine Gruppe stößt.

Traditionell gilt:

- Der Herr grüßt die Dame.

- Der Jüngere den Älteren.

- Die Jüngere die Ältere.

Verknüpfen Sie Ihre Grußformel immer mit der Namensnennung der gegrüßten Person. Grüßen Sie Gäste und Geschäftspartner förmlich mit einem „Herr X, guten Tag." Bitte merken: Der Name steht bei der Begrüßung an erster Stelle, um nachhaltig Wirkung zu entfalten.

Natürlich muss der Gruß eines anderen grundsätzlich erwidert werden! Am Rande: Es zeugt auch im Flugzeug, in der Bahn und im Aufzug von Höflichkeit, seine Mitmenschen zu grüßen. Im Flugzeug halte ich das Reichen des ersten Getränkes oder Essens für den besten Zeitpunkt zu einem kurzen Gespräch; es sei denn, Ihr Sitznachbar ist gerade in seine Akten vertieft.

Im Geschäftsalltag wird stets der/die Rangniedrigere dem/der Ranghöheren vorgestellt! Kunden und Gäste werden dabei immer als Ranghöhere angesehen bzw. eingestuft.

Praxistipp: „Herr ..., darf ich Ihnen unsere neue Auszubildende, Frau..., vorstellen?" „Frau ..., Herr ..., der Prokurist unseres Unternehmens."

Ebenso wird

- dem/der Älteren der/die Jüngere,

- der Dame der Herr,

- der/die Hinzukommende den bereits Anwesenden,

- der/die Einzelne der Gruppe

vorgestellt.

Titel oder Adelsprädikate und unter Umständen auch Berufsbezeichnungen bzw. Funktionen werden genannt! Jeder wird mit seinem vollen Nachnamen angesprochen, auch wenn ein Doppelname umständlich lang erscheint. Nach meiner Erfahrung zeugt es von Höflichkeit, wenn weitere Zusatzinformationen gegeben werden.

Im Rahmen einer Vorstellungssituation entgegen Sie bspw. „Freut mich sehr!" „Angenehm" oder „Hoch erfreut" sind hingegen antiquierte Floskeln, die ich vermeiden würde.

Am Rande: Ehepartner werden natürlich nicht mehr archaisch als „Gemahl(in)" oder „Gatte" bzw. „Gattin" vorgestellt.

Kommt Ihnen jemand mit schweren Akten entgegen, so lassen Sie natürlich diese Person vor und halten ihr die Tür auf. Seien Sie in einem solchen Augenblick freundlich und verzichten Sie auf ein potentielles Rangdenken.

Beim Aufeinandertreffen in der Toilette grüßen Sie nur dann knapp, wenn der andere Blickkontakt sucht.

Begrüßen Sie Ihre Mitstreiter lächelnd mit einem Handschlag und halten Sie dabei Blickkontakt. Ein Handschlag drückt Höflichkeit aus und stellt einen persönlichen Bezug zu Ihrem Gegenüber her. Ihr Händedruck sollte nicht zu fest und nicht zu „lasch" sein. Quetschen oder schütteln Sie keinesfalls die Hand. Strecken Sie Ihre Hand nie über ein Hindernis aus und blicken Sie nicht schon zur nächsten Person, die Sie begrüßen wollen. Auf keinen Fall dürfen Sie bei der Begrüßung die linke Hand in der Hosentasche lassen.

Generell gilt, dass

- die Dame dem Herrn,

- der Ältere dem Jüngeren,

- der Ranghöhere dem Rangniedrigeren,

- der Gastgeber dem Gast

die Hand zum Begrüßen reicht.

Praxistipp: Für den Fall, dass Sie aufgeregt sind und feuchte Hände haben, sollten Sie ein Stofftaschentuch in Ihrer Hosentasche mitführen. So können Sie unauffällig den Schweiß von Ihrer Handfläche aufsaugen.

Am Rande: Personal, zum Beispiel in einem Restaurant, wird nicht per Handschlag begrüßt. Kennen Sie jedoch per Zufall einen Angestellten persönlich, so begrüßen Sie ihn natürlich freundlich mit seinem Namen.

Jeder Gast, jede Dame, läuft an der „rechten" Ehrenseite. Der Herr geht vor der Dame die Treppe hinauf, um ihr nicht unter den Rock schauen zu können. Auch beim Heruntergehen geht er vor.

Bewahren Sie eine angemessene körperliche Distanz zu Ihrem Gesprächspartner und rücken Sie Ihrem Gegenüber nicht näher als 50 Zentimeter auf den Leib.

Ein immer wieder von mir beobachteter Fauxpas, den ich sogar schon bei Vortragenden vor großem Auditorium bemerkt habe: Die Hände in den Hosen- oder Jackentaschen wirken nicht nur bei der Begrüßung keinesfalls lässig!

Praxistipp: Gehen Sie während einer Diskussion immer auf potentielle Einwände Ihrer Gesprächspartner ein. So zeigen Sie, dass Sie diese ernst nehmen.

Falls notwendig: Im Bedarfsfall unterstreichen Sie Ihre Souveränität durch eine förmliche Entschuldigung.

Beim Niesen halten Sie stets die linke Hand vor den Mund, da die rechte zum Grüßen reserviert ist. Am Rande: „Gesundheit!" entfällt schlichtweg nach dem Niesen. „Mahlzeit!" wünschen heutzutage nur noch Komiker.

Praxistipp: Sollte Ihnen zur Mittagszeit jemand (s)ein „Mahlzeit!" entgegenschleudern, so grüßen Sie gelassen und höflich mit einem „Hallo" zurück.

Ein Einstand wird nie am ersten Tag (aus-)gegeben. Hier sollten zunächst Handhabung und Gepflogenheiten in der neuen Firma kennengelernt werden, zumal es sich ja auch um keine offizielle Veranstaltung handelt. Informieren Sie trotzdem zunächst Ihren Vorgesetzten, bevor Sie Ihre Kollegen einladen.

Praxistipp: Geben Sie Ihren Einstand nach erfolgreich überstandener Probezeit! Danken Sie dabei Ihren Kollegen, indem Sie mit zwei oder drei freundlichen Worten eröffnen.

Ein eventueller Ausstand sollte aus organisatorischen Gründen nicht am letzten Tag, sondern einige Tage davor, gegeben werden. Verabschieden Sie sich aufrecht und danken Sie für die gute Zusammenarbeit. Selbst dann, wenn letztere tatsächlich gar nicht so gut war. Denken Sie daran, dass man sich im Leben immer mindestens zweimal trifft. Seien Sie deshalb keinesfalls nachtragend oder gar belehrend. Sollte ein ausscheidender Mitarbeiter keinen Ausstand geben, so sollten seine engsten Kollegen zumindest für ein Abschiedsgeschenk sammeln.

Der Gastgeber eines Umtrunks unter Kollegen beseitigt die Spuren, nicht etwa die Sekretärin oder Reinigungskraft. Eine spontane Tasse Kaffee wird selbst in den Geschirrspüler gestellt, nicht etwa in das Spülbecken. Dies gilt auch zum Feierabend, wenn man das Gebäude verlässt.

Zum Abschluss: Da Internet-Recherchen inzwischen vollkommen normal und meines Erachtens auch legitim sind, sollten Sie dafür Sorge tragen, dass eine Recherche, die über Sie eingeholt wird, ein stimmiges, aktuelles und positives Bild Ihrer Person ergibt. Pflegen Sie deshalb ein seriöses und Ihrer Person entsprechendes Profil bei Xing und/oder LinkedIn und vermeiden Sie bitte, dass – wie auch immer – kompromittierende Fotos oder Aussagen von Ihnen im Netz auftauchen.

5 „Kleider machen Leute"

5.1 Grundsätzliches

Experten sehen in der Wahl der richtigen und angemessenen Businesskleidung einen maßgeblichen Faktor für Erfolg oder Misserfolg im beruflichen Leben. So schließen Entscheider häufig vom Auftreten und insbesondere der Kleidung einer Person auf deren Arbeitseinstellung, so dass die Wirkung der eigenen Kleidung keinesfalls unterschätzt werden sollte. Nachlässigkeiten oder gar Fehltritte sind – insbesondere auf Management-Ebene – unbedingt zu vermeiden. Ein gepflegtes Äußeres ist deshalb sowohl für Damen als auch Herren selbstverständlich.

Grundsätzlich sollten im Geschäftsleben sowohl Damen als auch Herren klassische Kleidung bevorzugen, es sei denn, man(n)/frau ist in einer Kreativbranche tätig. Eine erste Orientierung für ein passendes Outfit geben der grundsätzliche Stil, der in Ihrem Unternehmen gepflegt wird sowie die Branche, in der Sie tätig sind. Bei der Auswahl Ihrer Kleidung ist – branchenunabhängig – Individualität nur insoweit gefragt, wie Sie sich noch innerhalb des Dress Codes Ihrer Branche bewegen.

Praxistipp: Orientieren Sie sich an dem Kleidungsstil der Mehrzahl Ihrer Kollegen. Beobachten Sie einfach ein klein wenig Ihre Umgebung, in der Sie sich üblicherweise bewegen („Learning by looking").

Kleiden Sie sich aber niemals besser als Ihre Vorgesetzten. Und denken Sie bitte daran: Je höher Sie in der Betriebshierarchie stehen, desto strenger ist der Dress Code, dem Sie unterworfen sind. Bei Verhandlungen stimmen Sie Ihr Outfit auf Ihr Gegenüber ab. Bedenken Sie, dass Sie Ihrem Gegenüber durch die Wahl Ihrer Kleidung Wertschätzung und Respekt erweisen. Seien Sie bei Kundenterminen ruhig immer ein klein wenig besser gekleidet als Ihr Verhandlungspartner.

Allgemeinhin gilt der Grundsatz, dass Sie Kleidungsstücke aus höherwertigen Materialien verwenden sollten. Bei Accessoires gilt: Hände weg von Imitationen.

Praxistipp: Tragen Sie bei Vorträgen Ihr Lieblingsoutfit. In Ihrem Lieblingsoutfit fühlen Sie sich wohl und – nicht zu unterschätzen – sicher. Am Rande: Da Sie sich in Ihrer Kleidung den ganzen Arbeitstag über wohlfühlen müssen, sollten Sie sowieso stets auf eine gute Passform achten.

Achten Sie darauf, dass die Farben zu Ihrem Farb-Typ passen. So sind zum Sommer hin – insbesondere bei den Damen – durchaus etwas hellere Farbtöne erlaubt. Apropos Sommer: Bei Sommerhitze sollten Sie luftdurchlässige Kleidung aus Naturfasern wie Baumwolle und Coolwool tragen. Leinen gilt für die meisten Berufe als nicht seriös genug.

Sowohl für Damen als auch für Herren gilt: Tragen Sie niemals an zwei aufeinanderfolgenden Tagen die gleiche Kleidung. Des Weiteren gehören Herren-Oberhemden in die Wäsche, wenn sie den ganzen Tag lang getragen wurden.

Praxistipp: Notieren Sie sich bei Kundenterminen beispielsweise in Ihrem elektronischen Terminkalender, welche Kleidung Sie bereits bei diesem Kunden getragen haben.

Bei bestimmten Anlässen, z.B. Betriebsfeiern, kann es Abweichungen vom Dress Code geben. Auf Details soll an dieser Stelle nicht näher eingegangen werden. Sie sollten sich jedoch dem Anlass entsprechend kleiden.

Des Weiteren zieht eine übertriebene Parfümierung nicht an, sondern letztere stößt eher ab. Dies gilt ebenso für die übertriebene Verwendung von Aftershaves. Die Verwendung eines Deodorants und eine entsprechende Körperhygiene sind hingegen selbstverständlich.

Brillenträgerinnen- und Träger verzichten auf getönte Gläser und achten immer auf einen klaren Durchblick. Sie haben deshalb stets Brillenputztücher im Schreibtisch verwahrt. Eine Sonnenbrille in geschlossenen Büroräumen über den Kopf geschoben zu tragen, wirkt nicht lässig, sondern lächerlich.

Praxistipp: Inzwischen bieten zahlreiche Optiker Brillenmodelle mit sogenannten Wechselbügeln an. Hier haben Sie die Möglichkeit, täglich Ihre Brille entsprechend Ihres sonstigen Business-Outfits anzupassen.

Exkurs: Dress Codes

- Casual: Hier trägt der Herr elegante Freizeitkleidung, beispielsweise Jeans und Poloshirt, eventuell kombiniert mit einem Jackett. Die Dame kombiniert Rock/Jeans mit Shirt/Pullover.

- Smart Casual: Passend ist für den Herrn eine Kombination aus Sakko, Stoffhose (keine Jeans!) und Poloshirt. Die Dame kann eine elegante Jeans oder einen Rock mit einem Twinset (Pullover/Strickjacke) kombinieren.

- Business Casual: Die Krawatte kann weg, doch die Jeans ist ab dieser Dress Code-Ebene verbannt. Erwartet wird Hemd oder feiner Strickpulli sowie Anzughose und Sakko. Die Dame trägt klassisch Hosenanzug oder Kostüm.

- (Day) Informal: Beispielsweise auf Geschäftsreisen ist ein dunkler Anzug mit hellem Hemd und dezenter Krawatte angebracht. Frauen tragen einen klassischen Hosenanzug oder das Kostüm mit heller Bluse oder Top. Dazu ein dezentes Make-up und eine klassische Frisur.

- Semi-Formal: Hier sind ein dunkler Anzug, ein helles – jedoch kein weißes! – Hemd und eine Krawatte Pflicht. Dabei kann der Anzug mit einer Weste kombiniert werden. Die Dame wählt eine elegante Garderobe: Abends ein langes Kleid oder das „kleine Schwarze". Beim Dress Code „Cocktail" darf das Kleid kürzer und farbiger sein.

- Business: Dunkler, zweiteiliger Anzug mit pastellfarbenem Hemd und farbiger Krawatte. Der dreiteilige Anzug wirkt förmlicher und sollte bei einem Treffen auf Führungsebene bevorzugt werden. Die Dame trägt einen Hosenanzug oder das klassische Kostüm, kombiniert mit einer farbigen Bluse.

- Smoking/Black Tie: Der Smoking wird auf feinen Bällen, beim Hochzeitsdinner oder aber in der Oper angelegt. Er ist schwarz bzw. nachtblau und wird klassisch mit einer schwarzen Fliege und einem weißem Hemd sowie einer geschlossenen Weste getragen. Die Dame trägt ein langes, schlichtes Abendkleid mit Stola oder Jäckchen.

- Frack/White Tie: Der Frack wird gern auch als der „große Gesellschaftsanzug" bezeichnet. Man sieht Herren im schwarzen Frack und Damen in pompösen Abendkleidern beispielsweise beim Wiener Opernball.

Wichtig: Bei Empfängen oder Bällen muss ein Paar die Kleidung aufeinander abstimmen. Trägt sie beispielsweise ein Ballkleid, so muss er einen Smoking tragen.

Praxistipp: Frack oder Ballkleid kauft man nicht, sondern leiht in einschlägigen Geschäften aus.

Praxistipp: Inspizieren Sie Ihre Kleidung vor einem wichtigen Meeting bei Tageslicht nach Flecken.

5.2 Herren

Für Herren gilt, dass grundsätzlich ein Mantel oder modischer Kurzmantel, ein schlichter zwei- oder dreiteiliger Anzug oder entsprechende Sakkokombinationen gewählt werden sollten. Krawatten sollten aus Seide bestehen und allenfalls dezente Muster aufweisen. Bitte verzichten Sie auf Lederschlipse und auf jegliche Bild-, Blumen- oder gar Comicmotive. Meiner Meinung nach sollten Sie im Berufsalltag keine „Fliege" tragen. Der Krawattenknoten füllt das Dreieck des Hemdkragens aus und die Spitze der Krawatte hat exakt den Gürtel zu erreichen. Während nach meiner Auffassung Krawattennadeln als altmodisch gelten, sind dezente Firmen-Pins heutzutage durchaus üblich und dokumentieren die Identifikation mit dem Arbeitgeber. Manschettenknöpfe wirken stilvoll, sollten jedoch der Position angemessen sein.

Herren verzichten grundsätzlich auf die Auswahl von mehr als zwei Mustern.

Bei der Wahl Ihrer Anzüge steht die Farbe „grau" für dezente und zurückhaltende Kompetenz. „Dunkelblau" wirkt vertrauensvoll bzw. verlässlich und „braun" vermittelt Freundlichkeit, Sicherheit und Vertrauen. „Schwarz" strahlt Autorität und Würde aus und betont die Individualität einer Person. „Schwarz" kann jedoch auch distanzierend wirken.

Zum Anzug wählen Sie einen Gürtel mit dezenter Schnalle aus, der immer einheitlich zu der Farbe der Schuhe korrespondieren sollte.

Bei Oberhemden ist ein Markenhemd mit entsprechender Logo-Stickerei – z.B. auf der Brusttasche – zu bevorzugen. Die Ärmelmanschette sollte bei hängenden Armen die Daumenwurzel berühren und etwa einen Zentimeter unter dem Jackett-Ärmel hervorschauen. Der oberste Hemdknopf ist geschlossen. Nach meiner Auffassung sollte auch im Sommer auf ein Kurzarmhemd verzichtet werden. Die klassische Hemdenfarbe ist weiß, etwas modernere Farben hellblau oder pastell. Weiße Hemden oder Blusen signalisieren Offenheit und Unschuld. Mit der Wahl eines Kentkragens können Sie im Grunde nichts verkehrt machen. Tab- und Haifischkragen werden niemals ohne Krawatte getragen. Ich persönlich finde, dass ein Haifischkragen ein klein wenig chicer als der altehrwürdige Kentkragen wirkt. Button-Down-Hemden gelten als Freizeithemden und sind in konservativen Branchen verpönt.

Praxistipp: Als Nachwuchskraft, die sich zunächst einen Erstbestand an Marken-Oberhemden zulegen muss, schauen Sie durchaus bei einschlägigen Auktionshäusern nach entsprechenden Online-Angeboten. Haben Sie erst einmal Größe und Kragenweite bei Ihrer Lieblings-Hemdenmarke herausgefunden, so können Sie online mitbieten. Sie werden sehen, dass es eine Vielzahl an ungeliebten oder nicht passenden Geschenken gibt, die – ungetragen – im Rahmen von Online-Auktionen angeboten werden. Haben Sie ein derartiges Hemd preisgünstig erstanden, so haben Sie genug eingespart, um es vor Ihrem ersten Tragen zur Reinigung zu geben.

Wenn Sie als junger Mann älter erscheinen/wirken wollen, so sollten Sie sich dazu entscheiden, eine Weste zu tragen.

Ihre Hosenlänge reicht ca. fünf Millimeter über den Beginn Ihres Absatzes.

Da im Geschäftsleben niemand ernsthaft eine Männerwade sehen möchte, tragen Sie idealerweise Kniestrümpfe. Ferner sind schwarze oder dunkelgraue Farben zu wählen. Gemusterte Strümpfe sollten hingegen in der Freizeit getragen werden.

Bevorzugen Sie Schnürschuhe mit Ledersohle. Verwahren Sie Schuhpflegemittel bzw. einen Schuhpflegestift in Ihrem Schreibtisch! Nichts ruiniert Ihr Outfit und – im wahrsten Sinne des Wortes – Ihren Auftritt schneller, als vernachlässigtes Schuhwerk.

Praxistipp: Neue Schuhe niemals zuerst im Büro tragen. Falls Sie drücken, werden andere Menschen Ihre Anspannung bemerken.

Braune Schuhe können mit dunkelblauen, grauen und beigefarbenen Anzügen kombiniert werden, keinesfalls jedoch mit einem schwarzen Anzug. Nach 18.00 Uhr verzichten Sie bitte auf braune Kleidung und braunes Schuhwerk: „No brown after six!"

Als „Accessoires" tragen Sie lediglich eine klassische Uhr, Ihren Ehering und daneben noch maximal einen weiteren Ring.

Am Rande: Dicke Aktenkoffer können auf Übereifer hindeuten, dünne Leder-Mappen symbolisieren hingegen, dass man(n) eine Position erreicht hat, bei der es nicht mehr notwendig ist, sich noch mit einer Fülle an Papier zu belasten.

Auch an heißen Bürotagen sind kurze Shorts, T-Shirts oder gar Sandalen ein No-Go! Ferner verwenden Sie bitte keine Billig- oder Werbekugelschreiber.

5.3 Damen

Damen machen im Büro immer eine gute Figur, indem sie konservative Kleidung – kombiniert mit unauffälliger Kosmetik, dezentem Schmuck sowie gepflegten, nicht extravaganten, Fingernägeln – auswählen. Grundsätzlich gilt: Je höher die Position, desto konservativer sollte der Kleidungsstil ausgerichtet sein.

Als Frau werden Ihnen ein klein wenig mehr Farbenfreude und modische Accessoires zugestanden als Ihrem männlichen Kollegen. Nichtsdestotrotz sollten Sie unbedingt schrille Farbtöne vermeiden. Jede Farbe signalisiert unbewusste Botschaften und unterstreicht den eigenen Typ: Aggressives Rot, natürliches Braun, souveränes Schwarz oder feminines Rosa.

Meiner Meinung nach sollten Sie (dunkle) Hosenanzüge, Blazer-Kombinationen, Kostüme und Kleider in gedeckten Farbtönen bzw. dezenten Mustern bevorzugen. Wählen Sie pastellfarbene, weiße oder blaue Blusen. Tragen Sie edle Shirts. So drückt ein blaues Kostüm kombiniert mit einer weißen Bluse absolute Seriosität aus.

Tragen Sie einen Rock, der nicht zu eng anliegt und bei dem gerade noch das Knie zu sehen sein darf – keinesfalls kürzer! Die normale Länge für den Beruf ist „knieumspielend". Sowohl bei der Farbauswahl als auch bei der Bemusterung sollten Sie zurückhaltend und konservativ sein. Bitte tragen Sie immer Strümpfe oder Strumpfhosen. Dunkle Strümpfe passen nicht zu hellen Hosen und Kniestrümpfe keinesfalls zu Röcken. Zudem sind Söckchen im Geschäftsleben ein No-Go. Auch bei großer Sommerhitze besteht für Frauen kein Grund, mit nackten Beinen zu erscheinen.

Praxistipp: Verwahren Sie stets ein Reservepaar Ihrer Strumpfhose in Ihrem Schreibtisch auf: Laufmaschengefahr!

Weitere Basics: Dunkler Blazer und ein Mantel, der immer länger als die Jacke des Kostüms sein muss.

Insgesamt sollte Ihre Kleidung Ihren Stil unterstreichen und chic, aber nicht aufdringlich sein.

Am Rande: Zu seriöser Kleidung gehört zumindest ein kleiner Ärmel.

Damen überzeugen durch ihre Kompetenz und nicht durch erotische Kleidung. Sie zeigen möglichst wenig nackte Haut, verzichten auf ein tiefes Dekolleté und auf eine zu enge Kleidung. Unterwäsche sollte sich nie abzeichnen! Deshalb sollte beispielsweise zu einer weißen Bluse niemals schwarze Unterwäsche gewählt werden.

Praxistipp: Legen Sie sich Kleidungsstücke zu, die Sie gut miteinander kombinieren können, z.B. Mehrteiler.

Grundsätzlich gilt, dass offene Schuhe nicht mit Anzügen oder Kostümen kombiniert werden. Die Schuhe sollten dunkler oder gleich dunkel wie die Kleidung sein. Und: Je offizieller der Anlass, desto glatter der Schuh.

Praxistipp: Tragen Sie geschlossene Schuhe, z. B. Pumps, mit maximal halbhohem Absatz in gedeckten Farben. Im Beruf kommt es für Sie auf ein sicheres Standing an. Meiden Sie deshalb Stiletto-Absätze.

Ihre Handtasche sollte zu Ihrem Stil passen und farblich mit Ihren Schuhen harmonieren. Bitte verzichten Sie darauf, Rucksäcke zu verwenden.

Tragen Sie tagsüber nicht, was zu auffällig oder gar feierlich wirkt. Mit einer Perlenkette, Perlenohrringen oder einer dezenten Goldkette sollten Sie meistens richtig liegen. Mancher Stilberater empfiehlt Damen, nicht mehr als fünf Schmuckstücke anzulegen. Dabei zählt jeder Ring und jeder Ohrring einzeln.

Praxistipp: Je mehr eine Branche mit Kreativität zu tun hat, desto eher kann man/frau Modeschmuck tragen. Je mehr Seriosität gefragt ist, desto dezenter (und echter!) sollte der Schmuck sein.

Stimmen Sie Kleidung, Frisur und Make-Up sorgfältig und typgerecht aufeinander ab und nehmen Sie sich dabei Zeit. Ihr Make-Up sollte dezent Ihre Lippen, Augenbrauen und Augenfarbe unterstreichen. Lippenstift auf den Zähnen ist zu vermeiden.

Echte Tabus sind im Geschäftsleben Leggings, Miniröcke, bauchfreie Tops, behaarte Beine, Hosen mit String-Tanga-Einblick und Spaghettiträger. Künstliche Fingernägel sollten Sie nicht bei der Arbeit behindern. Ferner sollten diese nicht billig wirken. Auch Tätowierungen und Piercings sind zwingend zu verdecken. Letzteres gilt natürlich für Angehörige beiderlei Geschlechts.

6 Richtig Kommunizieren

6.1 Grundsätzliches

W arum fallen mir eigentlich immer wieder Menschen auf, die trotz ihrer hohen Intelligenz, fachlichen Kompetenz und fundierten Arbeitsweise beruflich offenkundig nicht vorankommen? Die Antwort liegt auf der Hand: Weil diese Menschen niemals gelernt haben, gewinnend zu kommunizieren. Das Geheimnis von erfolgreichen Menschen beruht nämlich nicht allein auf deren Fachkompetenz, sondern vielmehr auf deren emotionaler Intelligenz. Darunter wird die Fähigkeit verstanden, Emotionen in Bezug auf sich selbst und andere Menschen wahrzunehmen, auszudrücken, zu verstehen und sinnvoll zu handhaben. Meine Meinung: Sozialkompetenz geht vor Fachkompetenz!

Wer sympathisch kommuniziert, ist bei seinen Mitmenschen zweifelsohne beliebt(er) und kommt besser an. Die Basis stellen dabei Vertrauen sowie eine positive Atmosphäre – sozusagen das „Zwischenmenschliche" – her. Versuchen Sie deshalb, über den reinen Wortlaut die Gefühle Ihres Mitmenschen „herauszuhören".

Praxistipp: Mehrmals habe ich beobachtet, dass ein von mir sehr geschätzter ehemaliger Vorgesetzter in bestimmten Situationen eine eher bildhafte Sprache verwendet hat. Bedenken Sie, dass ein schlichtes Sprachbild oftmals viel mehr aussagen kann, als eine Vielzahl an Sätzen und wortreichen Erklärungen.

Im Rahmen eines Small-Talks gibt es einige Regeln zu beachten: So vermeiden Sie bitte einerseits Witze und andererseits Themen, die Geld, Politik, Religion oder Krankheiten behandeln. Verzichten Sie auch auf jegliche Kritik an Ihrem Gastgeber oder Veranstalter. Stellen Sie hingegen offene Fragen, da Fragen ein geradezu herausragendes Kommunikationsmittel sind. Halten Sie des Weiteren Blickkontakt. Blickkontakt signalisiert Ihr ehrliches Interesse an dem Gegenüber. Schauen Sie deshalb beim Gespräch nicht in eine andere Richtung. Vermeiden Sie doch bitte Monologe und sprechen stattdessen über Themen, die auch Ihr Gegenüber interessieren. Ganz wichtig: Urteilen Sie nicht und fallen Sie Ihrem Gegenüber keinesfalls ins Wort. Bedenken Sie, dass bei Gesprächen den Anfangs- und Schlussworten eine besondere Gewichtung zukommt. Abschließend: Vermeiden Sie bitte in Ihren Gesprächen – auch auf der emotionalen Ebene – jede Form von kommunikativen Drohgebärden und Bevormundungen. Gehen Sie ferner sparsam mit „Ich"- Unworten um.

Praxistipp: Sagen Sie durchaus geradeheraus, was Sie denken. Seien Sie aber auch stets in der Lage, dies zu begründen.

Besuchen Sie einen Geschäftspartner in dessen Unternehmen, so starten Sie den Small-Talk mit einem kleinen Kompliment. Vermeiden Sie auch hier jegliche negative Äußerung über das Unternehmen, die Parkmöglichkeiten oder die Empfangsdame.

Sprechen Sie in angenehmer und mittlerer Lautstärke – einerseits nicht zu laut, andererseits nicht so leise, dass nachgefragt werden muss. Achten Sie darauf, dass Sie einen gleichmäßigen Tonfall verwenden. Üben Sie aber auch für den Bedarfsfall, sich bewusst in unterschiedlichen Tonfällen artikulieren zu können. Variieren Sie, je nach Bedarf, zwischen aggressiv, offensiv, zurückhaltend und entschuldigend. Sprechen Sie niemals pausenlos. Wer klar, deutlich und in angemessener Sprechgeschwindigkeit spricht, wird als kompetenter und professioneller Gesprächspartner wahrgenommen. Lernen Sie aber auch, bei Ihrem Gegenüber Untertöne und Sprechpausen zu deuten.

Beachten Sie, dass Sie Ihrem Gegenüber neben der Stimme auch körpersprachliche Hinweise auf Ihre Gefühle liefern können. Körper, Mimik und sogar die Atmung! eines Gesprächspartners verraten Emotionen und Gedanken. Lernen Sie deshalb, Körpersignale bewusst zu verstehen. So signalisiert zum Beispiel das leichte Vorbeugen Ihres Gegenübers Interesse. Menschen, die sich im Gespräch voneinander weglehnen, sind hingegen unterschiedlicher Auffassung. Jemand mag einem Sachverhalt verbal bejahend zustimmen – schüttelt er dabei jedoch unbewusst den Kopf, so werde ich ihm natürlich nicht glauben.

Als Dame argumentieren Sie wie ein Mann, kommunizieren aber wie eine Frau. Achten Sie dabei insbesondere auf Ihre Stimme: Frauen sprechen häufig zu leise oder aber zu hoch.

Unterschätzen Sie nicht die Wirkung Ihrer Augen. Augen machen Gefühle – wie zum Beispiel Trauer – in besonderer Weise sichtbar. Und selbstbewusste Menschen schauen ihren Gesprächspartnern immer direkt in die Augen – natürlich ohne anzustarren.

Praxistipp: Ein – häufig von mir beobachteter – Fehler der Damen besteht darin, von unten nach oben gerichtet zu schauen. Sie verharmlosen damit alles, was sie gerade sagen. Besser: Dem Blick des Gegenübers standhalten und ihm offen in die Augen schauen. So signalisieren Sie Stärke und Vertrauen.

Als Gentleman schweigen Sie – nicht nur über Amouröses oder Ihre eventuellen Partnerschaftsprobleme, sondern auch dann, wenn Sie von einem Thema keine Ahnung haben.

Am Rande: Von einem guten Mitarbeiter oder einer guten Mitarbeiterin erwartet man, dass er/sie persönliche Probleme allein in den Griff bekommt. Weinen Sie sich deshalb nicht im Betrieb und schon gar nicht bei Kollegen aus. Zu gegebener Zeit werden Ihnen solche privaten Informationen zu Ihrem Nachteil ausgelegt.

Ferner sollten Sie niemals ein Konkurrenzunternehmen schlecht machen. Stellen Sie lieber bestimmte Stärken oder eine etwaige Sonderstellung Ihres eigenen Unternehmens heraus.

Ist eine Entschuldigung gegenüber einem Geschäftspartner notwendig, so formulieren Sie einen entsprechenden Brief. Seien Sie dabei sachlich, geben Sie dem Anderen keine Mitschuld und vermeiden Sie unbedingt Ironie. Sollten Sie sogar einen Schaden verursacht haben, so bieten Sie ggf. Schadenersatz an.

Praxistipp: Schlagen Sie immer ein persönliches Gespräch zur endgültigen Bereinigung einer Angelegenheit vor.

Sollte die Absage eines wichtigen Termins unumgänglich sein, so beweisen Sie bitte Fingerspitzen- und Taktgefühl, indem Sie zügig bzw. prompt absagen und potentielle Ausweichtermine vorschlagen. Zusätzlich zu einer kurzfristigen Absage, die natürlich höflich verfasst sein sollte, ist anschließend ein förmlicher Entschuldigungsbrief abzufassen. Sind Sie zu einer Festlichkeit eingeladen worden, so sollten Sie sobald wie möglich antworten, damit Ihr Gastgeber frühzeitig entsprechende Vorkehrungen treffen kann. Müssen Sie absagen, so geben Sie bitte in Ihrem Absageschreiben eine plausible Begründung an verzichten auch nicht auf eine Dankesformel für die erfolgte Einladung.

Praxistipp: Auf eine schriftliche Einladung sollte nicht mündlich zugesagt werden, sondern in der Form, in der auch eingeladen wurde.

Am Rande: Jedes Jahr erreicht mich zu meinem Geburtstag eine vorgedruckte Karte eines Bankinstituts mit guten Wünschen für das neue Lebensjahr. Irgendwann wunderte ich mich, dass diese Karte gar nicht in meiner Heimatregion abgestempelt, sondern offensichtlich sogar in Süddeutschland aufgegeben wurde. Auch waren mir die Unterzeichner gänzlich unbekannt. Meine Recherche ergab dann, dass die Bank offensichtlich das Aufsetzen derartiger Karten an einen externen Dienstleister ausgelagert hat. Machen Sie einen solchen Fehler nicht: Bevor Sie Karten mit vorgedruckten Texten versenden, sollten Sie lieber gar nicht schreiben. Nehmen Sie sich stattdessen beispielsweise vor Weihnachten einige Tage Zeit, um Ihre Grüße persönlich zu adressieren und handschriftlich! zu verfassen. So heben Sie sich deutlich ab und zeigen den gebotenen Respekt, über den Sie sich – umgekehrt – selbst ja auch freuen.

6.2 Telefonieren

Vorweg: Höfliche Menschen beschäftigen sich nicht mit ihrem Handy, wenn sie gerade mit anderen Menschen in Kontakt sind.

Ein erfolgreiches Telefonat setzt eine bei beiden Seiten bestehende Bereitschaft zum Gespräch voraus.

Am Telefon ist es wichtig, sympathisch, authentisch und offen zu wirken und den Gesprächspartner tatsächlich ernst zu nehmen. Zeigen Sie deshalb Interesse an Ihrem Gegenüber. Lächeln Sie am Telefon. Mit ein wenig Übung können Sie nämlich am Telefon körpersprachliche Botschaften hören. Wenn jemand am Telefon lächelt, klingt seine Stimme wärmer. Im Stress hingegen krümmen wir uns bis zur Embryonalhaltung zusammen. Unsere Stimme klingt gepresst und wenig souverän.

Inhaltlich führen Sie Ihr Telefonat sachlich und knapp. Beschäftigen Sie sich während Ihres Telefonats nicht parallel mit anderen Tätigkeiten. So ärgere ich mich beispielsweise, wenn ich bei meinem Gesprächspartner im Hintergrund höre, dass er auf seiner Computertastatur tippt. Wichtige Telefonate sollten durchaus im Stehen geführt werden. Ihre Stimme erhält so mehr Resonanz und wirkt dann kraftvoller und überzeugender.

Praxistipp: Prägen Sie sich zu Beginn des Gesprächs den Namen Ihres Gesprächspartners ein. Falls Sie den Namen eines Anrufers nicht gleich verstanden haben, so fragen Sie nach. Aus eigener Erfahrung: Zur Not auch mehrmals!

Rufen Sie jemanden an, so verwenden Sie zur Eröffnung des Gespräches den folgenden Trick: Fragen Sie an, ob der Zeitpunkt gelegen ist. Bereiten Sie sich vor Ihrem Anruf inhaltlich auf das Gespräch vor, indem Sie zumindest einige wesentliche Stichpunkte notieren. Bereiten Sie also das Telefonat zielgerichtet vor und listen Sie auf, was Sie besprechen wollen.

Praxistipp: Vermeiden Sie bei Telefonaten jede Form von Monotonie. Lassen Sie auch Ihren Gesprächspartner zu Wort kommen. Vermeiden Sie Füllwörter.

Sprechen Sie stets in angemessener und sonorer Lautstärke. Die meisten Zeitgenossen sprechen nämlich insbesondere in ihr Handy zu laut. Weichen Sie zum Telefonieren in der Öffentlichkeit an einen ungenutzten Ort aus.

Vor allem Frauen telefonieren häufig eine Oktave zu hoch, was unsicher wirkt. Entspannen Sie Ihre Stimmbänder.

Praxistipp: Je tiefer Sie den Kopf halten, desto tiefer wird Ihre Stimme übertragen.

Überwinden Sie die „Hürde" Sekretärin, indem Sie sie gleichberechtigt behandeln. Sprechen Sie letztere mit Namen an und nehmen Sie sie ernst. Sie werden sehen, Sie werden prompt verbunden.

Achten Sie auf Ihr Vokabular. Streichen Sie Wörter wie „sicherlich", „wahrscheinlich" oder „irgendwie", die Unsicherheit signalisieren. Sprechen Sie auch nie im Konjunktiv. Formulieren Sie positiv.

Auf einen Anrufbeantworter sprechen Sie Ihren Namen, Ihre Firma und – in kurzen Sätzen – Ihr Anliegen und bitten um Rückruf. Sie hinterlassen dazu natürlich eine Rückrufnummer und ein Zeitfenster, in dem Sie gut erreichbar sind.

Praxistipp: Es zeichnet sich ab, dass Sie sich – trotz entsprechender Planung – bei Anreise zu einem Termin verspäten werden. Informieren Sie bitte rechtzeitig über Handy Ihren (wartenden) Gesprächspartner.

Private Telefonate am Arbeitsplatz sind kurz zu führen! Rufen Sie ggf. in einer Pause zurück. Des Weiteren gehören private Details nicht am Arbeitsplatz ausdiskutiert.

Praxistipp: Achten Sie auf die Auswahl Ihres Klingeltons. Letzterer verrät – ebenso wie die Wahl der Farbe Ihres Gerätes – eine Menge über Sie.

Handys und Tablets platzieren Sie bitte nicht auf dem gemeinsamen Tisch im Restaurant. Bei öffentlichen Veranstaltungen, Meetings und Kundengesprächen schalten Sie Ihr Gerät auf Vibrationsalarm um.

Praxistipp: Achten Sie auf Handy-Verbote und halten Sie letztere auch ein.

Abschließend: Falls Sie jemand anruft, den Sie nicht sprechen möchten, so lassen Sie ihm ausrichten, Sie seien beschäftigt. Dies stimmt im Normalfall immer und es handelt sich um keine Lüge. Lassen Sie ihm jedoch niemals ausrichten, Sie seien nicht da. Denn in diesem Falle haben Sie gelogen.

6.3 E-Mails schreiben

E-Mails stellen im modernen Geschäftsalltag eine wesentliche Kommunikationserleichterung dar. Dabei gelten in geschäftlichen E-Mails in besonderem Maße die klassischen Briefregeln und ein sachlicher Sprachstil.

Leiten Sie Ihre E-Mail mit einer prägnanten und aussagekräftigen Betreffzeile ein und gliedern Sie längere E-Mails in übersichtliche Absätze.

Eine angemessene Eröffnung für eine geschäftliche E-Mail ist „Sehr geehrte... / Sehr geehrter ..." Bei regelmäßig wiederkehrendem Geschäftskontakt darf daraus ein „Hallo ..." werden. Auch wenn es in einigen Firmen dergestalt gehandhabt wird: Bitte verwenden Sie nicht die Anrede „Guten Tag ..."

Titel wie Professor oder Doktor sind zu nennen (Ausnahme: „Promovierte" untereinander). Hat ein Gegenüber mehrere Titel, Berufs- oder Funktionsbezeichnungen, so sollte man sich in der Anrede auf die Nennung der „höchsten" bzw. wichtigsten Bezeichnung beschränken. Bei Adelstiteln wie z.B. „Graf" verzichtet man auf das „Herr".

Exkurs: Titel sind alle Bezeichnungen, die eine Person ihrem Namen aufgrund rechtlicher Vorschriften beifügen darf, zum Beispiel Prädikate, Amtsbezeichnungen, Ehrentitel oder akademische Grade. Bei Frauen verwenden Sie bitte gegebenenfalls die weibliche Form (zum Beispiel „Frau Regierungsrätin"). Prädikate sind an Ämter gebundene Würdenbezeichnungen, zum Beispiel „Eminenz". Amtsbezeichnungen sind für die Inhaber öffentlicher Ämter geschaffen, zum Beispiel „Botschafter". Ehrentitel werden hingegen als Anerkennung für besondere Dienste verliehen, zum Beispiel „Monsignore". Akademische Grade („Professor") werden durch einen wissenschaftlichen Leistungsnachweis erbracht. Akademische Diplome sind in der Anrede wegzulassen. Berufs- und Funktionsbezeichnungen ergeben sich aus Rechtsvorschriften oder weisen auf eine besondere Stellung hin, zum Beispiel „Direktor". Letztere finden in der Anrede kaum noch Verwendung. Vizepräsidenten und stellvertretende Vorsitzende werden höflichkeitshalber mit dem höheren Titel angeredet – also beispielsweise „Herr Präsident".

Geläufige Abkürzungen wie „etc." sind im Rahmen einer E-Mail erlaubt, nicht jedoch eine Kumulierung von Abkürzungen, Fachtermini, Anglizismen etc. Verzichten Sie insbesondere auf die Abkürzung „MfG" zum Abschluss Ihrer E-Mail. Verabschieden Sie sich stattdessen anständig „Mit freundlichen Grüßen".

Des Weiteren gehören Emoticons und Smileys keinesfalls in offizielle Schriftsätze. Verzichten sollten Sie besser auch auf eine durchgehende Kleinschreibung.

Nicht nur bei E-Mails, sondern bei allen offiziellen Schriftsätzen gilt: Vermeiden Sie Flüchtigkeit und achten Sie auf den Satzbau, Ihre Rechtschreibung, Zeichensetzung sowie Groß- und Kleinschreibung. Schalten Sie dauerhaft die automatische Rechtschreibprüfung Ihres E-Mail-Programms ein. Lesen Sie bitte Ihre E-Mail vor dem Versand einmal Korrektur.

Praxistipp: Möchten Sie Ihre E-Mail an eine größere Anzahl an Adressaten versenden, so verwenden Sie bitte die Gruppierungsfunktion und tragen nicht jeden Adressaten einzeln in das Adressfeld ein.

Größere Dateianhänge sollten Sie komprimieren, indem Sie eine „ZIP"-Software verwenden.

Praxistipp: Falls Sie sich über eine schlechte Arbeitsleistung echauffieren, stellen Sie bitte den Adressaten nicht bloß, indem Sie die halbe Firma in den E-Mail-Verteiler aufnehmen. Klären Sie derartige Dinge lieber im persönlichen Vier-Augen-Gespräch und gar nicht per E-Mail.

Sollten Sie sich einmal zu einem Termin verspäten, wirkt ein persönlicher Anruf stilvoller als eine E-Mail oder SMS.

Zum Abschluss: Um den Überblick über Ihre zahlreichen eingehenden E-Mails nicht zu verlieren, richten Sie sich bitte automatische Filter, über die inzwischen alle gängigen E-Mail-Programme verfügen, ein. Vorteil dieser elektronischen Helfer: E-Mails werden automatisch den jeweiligen Zielordnern zugeordnet.

6.4 Briefe verfassen

Der persönliche Brief ist ein wichtiges Kommunikationsmittel zwischen zwei Menschen. Während das gesprochene Wort rasch vergessen ist, hat das Geschriebene Bestand. Einen Brief zu verfassen, setzt die Bereitschaft voraus, sich mit einem anderen Menschen zu beschäftigen und sich zu öffnen.

Ein moderner Brief sollte kurz und knapp formuliert sein. Floskeln und Umschreibungen sowie verschachtelte Satzkonstruktionen sollten nach Möglichkeit vermieden werden. Verwenden Sie auch hier die Rechtschreibprüfung Ihres Textverarbeitungsprogramms.

Formal sollte Ihr Schriftstück in „Arial" oder „Times New Roman" verfasst sein.

Praxistipp: Bauen Sie Ihren Brief dergestalt auf, dass er eine Betreffzeile, die Einleitung, einen Hauptteil sowie einen Schlussabschnitt enthält.

Aufzählungen gliedern Sie am besten durch die Verwendung von Spiegelstrichen.

Praxistipp: Lesen Sie Ihren Brief vor dem eigentlichen Versand unbedingt nochmals Korrektur. Sie werden feststellen, dass er immer noch den einen oder anderen Fehler enthält, den Sie unbedingt korrigieren sollten.

Eröffnen Sie Ihren Brief mit einer namentlichen Anrede. Vergessen Sie einen eventuell vorhandenen Titel Ihres Geschäftspartners nicht. Auch Doppelnamen dürfen ohne Erlaubnis nicht verkürzt werden.

Praxistipp: Das heutzutage oftmals verwendete „Guten Tag, Herr/ Frau..." halten Sie doch hoffentlich nicht für eine geeignete Anrede?!

Die Grußformel sollte nicht allzu persönlich sein. „Mit freundlichen Grüßen" können Sie letztendlich nichts verkehrt machen.

6.5 Konferenzen

Falls Sie glauben, dass eine Konferenz (lat.: conferre, confero, contuli, collatum, d.h. vergleichen, zusammentragen) oder ein Meeting mit dem eigentlichen Zusammenkommen beginnt, so unterliegen Sie einem Irrtum.

Praxistipp: Zu jedem Meeting sollten Sie bestens vorbereitet erscheinen. Grundsätzlich gilt nämlich, dass die Hauptarbeit vor der eigentlichen Konferenzteilnahme geleistet sein muss.

In Unternehmen stehen oftmals nicht so sehr inhaltliche Fragestellungen im Vordergrund, sondern Grabenkämpfe, die zwischen einzelnen Abteilungen oder Personen ausgefochten werden. Leider dienen dazu nur allzu häufig Konferenzen oder Meetings.

Praxistipp: Lernen Sie, Ihre Emotionen vor der Konferenztür zu lassen.

Mit Zugang der Tagesordnung sollten Sie die Tagesordnungspunkte, die Sie betreffen und zu denen Sie Stellung nehmen wollen, markieren. Bereiten Sie sich anschließend intensiv und gründlich vor. Spielen Sie auch gedanklich potentielle Gegenargumente Ihrer Widersacher und Ihre Reaktion darauf durch. So können Sie später gelassen kontern. Würden Sie gerne im Rahmen des Meetings Verbesserungsvorschläge einbringen, so sichern Sie sich bitte vor dem Meeting Rückendeckung und Wohlwollen Ihrer Vorgesetzten, indem Sie einige Tage zuvor bei ihnen vorsprechen. Kommt dann im eigentlichen Meeting seitens Ihrer Widersacher Kritik auf, so verfügen Sie über entsprechenden Rückhalt.

Nicht nur bei Konferenzen gilt: Seien Sie bitte pünktlich! Eine Verspätung wird im Geschäftsleben – meines Erachtens vollkommen zu Recht – als Nachlässigkeit ausgelegt, bei der der Wartende sich zumeist missachtet fühlt. Pünktlichkeit drückt hingegen Wertschätzung und Zuverlässigkeit aus. Letztendlich stellt Pünktlichkeit das Einhalten einer Absprache dar.

Praxistipp: Pünktlichkeit ist eine Frage der Selbstorganisation. Verwenden Sie einen elektronischen Kalender, der Sie rechtzeitig durch einen entsprechenden „Alarm" an Ihre Termine erinnert.

Gehen Sie nie mit leerem Magen in ein Meeting. Nehmen Sie vorher besser eine Kleinigkeit zu sich. So vermeiden Sie, dass Ihnen im Meeting der Magen „knurrt".

Im Normalfall nimmt der Chef den Stuhl des Vorsitzenden ein. Daneben sitzen seine Stellvertreter. In Konfliktsituationen (z.b. Krisengesprächen) sitzen sich die Delegationen gegenüber.

Praxistipp: Erscheinen Sie möglichst früh zu dem anberaumten Termin, um sich einen günstigen Platz in der Runde zu sichern. Setzen Sie sich idealerweise in die Nähe zu den wichtigen Personen. Wer einen hinteren Sitzplatz oder einen Sitzplatz am Rande auswählt, der offenbart möglicherweise Angst, angesprochen zu werden.

Das „Sich-Erheben" zur Begrüßung ist geschlechtsneutral angesagt. Deuten Sie Ihr Aufstehen nicht nur an. Letzteres steht für das Gegenteil von Wertschätzung. Schließen Sie bitte Ihr Jackett, während Sie sich erheben.

Warten Sie, bis der Chef zu Getränken oder Snacks greift. Bevor Sie sich dann selbst einschenken, blicken Sie Ihre Tischnachbarn fragend an, ob Sie diesen zuerst einschenken dürfen.

Während des Meetings lassen Sie Ihr Jackett an. Es sei denn, der Vorsitzende macht eine entsprechende Bemerkung. Ihre Körperhaltung bleibt bitte aufrecht und unverkrampft. Ihre Stimme ist – auch bei Kritik – gleichbleibend deutlich. Bewahren Sie die Fassung und fangen Sie jetzt nicht zu Flüstern an. Formulieren Sie präzise, vermeiden Sie dabei jedwede Form der Relativierung („eigentlich").

Überzeugen Sie mit Ihren guten Argumenten. Seien Sie immer ein klein wenig besser vorbereitet, als potentielle Widersacher. Nochmals: In der pedantischen Vorbereitung liegt Ihr Erfolg begründet. In der souveränen Darlegung wird er fundamentiert. Wer vor einer Debatte in die Rolle seiner Gesprächspartner schlüpft, hat im Ernstfall alle Konter parat. Des Weiteren tragen Sie Ihre Statements bitte gut strukturiert vor.

Praxistipp: Ignorieren Sie Störversuche, wie zum Beispiel leises Getuschel.

Können Sie zu einem Thema aus Ihrem Fachgebiet nichts beitragen – was meines Erachtens an sich schon schlimm genug ist, da Sie zumindest stets alle relevanten Eckdaten Ihres Aufgabengebietes im Kopf haben sollten – so sollten Sie dahingehend ausweichen, dass Sie erklären, sich mit diesem speziellen Themenkomplex noch nicht befasst zu haben.

Praxistipp: Lassen Sie sich niemals zu einem Disput oder gar einer spontanen Beleidigung hinreißen. Bleiben Sie selbst immer gelassen, fair und stellen niemanden bloß. Charmante Erwiderungen kommen stattdessen oftmals gut an. Wenn Sie selbst Kritik anbringen wollen, so machen Sie Ihre Kritik immer an der Sache fest und werden Sie niemals persönlich oder gar verletzend.

Ihr Telefon bleibt aus! Sollten Sie dieses Zugeständnis nicht machen wollen, stellen Sie es bitte auf lautlos und vergessen Sie auch nicht, den Vibrationsalarm auszustellen. Sie rufen dann in einer Pause zurück.

Beachten Sie, dass eine Konferenz immer wertvolle Arbeitszeit vermindert. Damit bei einer Konferenz von einem angemessenen Kosten-Nutzen-Verhältnis gesprochen werden kann, sollte vorher der Zeitrahmen festgelegt werden. So sollte die Konferenz pünktlich begonnen und mit knappen, sachlichen Beiträgen geführt werden, um diesen Zeitrahmen auch einzuhalten.

Nach dem Meeting sollten Sie noch ein klein wenig im Raum bleiben und Small-Talk halten.

6.6 Präsentationen

Eine professionelle und überzeugende Präsentation ist eines der wirksamsten Mittel, um Menschen von einer Idee zu begeistern. Der Schlüssel zu einer gelungenen Präsentation liegt in der sorgfältigen inhaltlichen und formalen Vorbereitung begründet. Ihre Präsentation wird aber nur dann ein Erfolg, wenn Sie in die eigentliche Darbietung Ihre Persönlichkeit einbringen. Entscheidend für eine perfekte Präsentation ist die ausgewogene Kombination von Ausdruck, Rhetorik, Körpersprache einerseits und Inhalt, Argumentation sowie Einsatz bestimmter Medien andererseits.

Zu einer sorgfältigen Vorbereitung gehört, dass Ihre Präsentation zeitlich exakt durchgeplant ist und Sie vorab geklärt haben, welche Präsentationsmedien Ihnen überhaupt zur Verfügung stehen und wie diese funktionieren.

Praxistipp: Starten Sie mit einem Paukenschlag oder zumindest mit einer Interesse weckenden Eröffnung. So erringen Sie die Aufmerksamkeit Ihrer Zuhörer und bauen Neugierde auf. Auch der Schluss Ihrer Präsentation sollte dergestalt gewichtet werden, dass er in Erinnerung bleibt.

Sie sollten Ihrer Präsentation eine Inhaltsübersicht voranstellen, um den Zuhörern die Struktur Ihrer Arbeit näher zu bringen.

Präsentieren Sie lebendig und spannend. Reden Sie nicht zu schnell. Gerade bei Lampenfieber gilt: Langsam, deutlich und laut sprechen! Sie selbst haben als Vortragender gerade das Gefühl, dass Sie zu langsam sprechen? Dann liegen Sie richtig! Lesen Sie keinesfalls etwaige Folieninhalte vor. Seien Sie authentisch. Orientieren Sie sich an Ihren Zuhörern. Stellen Sie zwischendurch immer wieder Blickkontakt zum Auditorium her. Letztendlich sollten Ihre Zuhörer nicht mit Inhalten „überschüttet" werden. Stellen Sie deshalb prägnante und einprägsame Kernthesen auf. Unterstützen Sie Ihre Worte durch Ihre Mimik.

Praxistipp: Beziehen Sie Ihr Publikum durch Fragen aktiv in Ihre Präsentation ein. Am Rande: Haben Sie einen Blackout, so überbrücken Sie diese peinliche Situation mit „Gibt es Fragen?"

Aus eigener Erfahrung (und Fehlern, aus denen ich gelernt habe): Verwenden Sie wenige Folien, die augenfreundlich und in angenehmer Schriftgröße präsentiert werden. Beschränken Sie sich bei der jeweiligen Folie auf Stichpunkte. Schreiben Sie keinen Aufsatz nieder. Vermeiden Sie bei Ihren Formulierungen überlange und verschachtelte Sätze.

Argumentieren Sie sachlich und logisch. Im Rahmen Ihrer Vorbereitung sollten Sie Ihre Argumente genau durchdacht haben.

6.7 (Geschäfts-) Essen

eschäftsessen dienen dazu, in angenehmer und entspannter Atmosphäre

- geschäftliche Angelegenheiten zu besprechen,

- Vertragsverhandlungen zu führen,

- einander besser kennen zu lernen.

Im Normalfall handelt es sich dabei um ein Treffen von Entscheidungsträgern mit deren Geschäftspartnern.

Praxistipp: Essen mit Geschäftspartnern verlaufen dann besonders harmonisch, wenn die eigentlichen Geschäfte bereits abgeschlossen sind.

Nachfolgend einige Grundregeln, wie Sie bei einem „Klassiker" des Geschäftslebens eine souveräne und gute Figur abgeben.

Vorweg: Handelt es sich um ein Arbeitsessen, so darf durchaus über Geschäftliches gesprochen werden. Dient das Essen jedoch vorrangig der Kontaktpflege, so ist eher Konversation angebracht. Letztere jedoch nicht auf einer allzu privaten Ebene. Berufliches darf dann nach dem Dessert angesprochen werden. Auf gar keinen Fall sollten Sie sich bezüglich des Essens negativ äußern.

Praxistipp: Da gemeinsame Interessen Sympathiepunkte verschaffen, sollten Sie versuchen, während Ihres Gespräches etwaige Gemeinsamkeiten herauszufinden. Bereiten Sie sich auch auf ein derartiges Gespräch entsprechend vor. Studieren Sie die – hoffentlich in Ihrem Unternehmen – geführte Kartei, auf der die Interessen Ihres Gesprächspartners vermerkt sind. Sprechen Sie beispielsweise über Reisen, Städte, Sport und Kunst. Bitte klammern Sie in Ihrem Gespräch kritische Themen (Politik, Religion, Betriebsinterna) und Schicksalsschläge (Krankheiten, persönliche Probleme) aus.

Grundsätzlich gilt, dass der Gastgeber für Stil, Auswahl des Restaurants, Ambiente sowie Ablauf bzw. Zeitplan der gesamten Essensveranstaltung verantwortlich ist. Dabei überlässt der Gastgeber nichts dem Zufall. Bei der Wahl der Speisen und Getränke beachtet er, dass sich beispielsweise Vegetarier unter seinen Gästen befinden könnten oder aber Gäste aus religiösen Gründen bestimmte Speisen ablehnen. Der Gastgeber legt auch die Tischanordnung fest.

Exkurs: Bei offiziellen oder wichtigen geschäftlichen Anlässen sind die Regeln der Tischordnung zu beachten, wonach sich die Qualität eines Platzes durch die Nähe zum Gastgeber bestimmt. In einem ersten Schritt ist über die Tischanordnung zu entscheiden, in einem zweiten Schritt über die Platzierung an den einzelnen Tischen. Dabei stehen Angehörige der fremden Firma vor den gleichrangigen Angehörigen der eigenen Firma. (Dienst)-Ältere Gäste rangieren vor (Dienst)-Jüngeren und Ausländer gleichen Ranges vor Inländern.

Bei der eigentlichen Veranstaltung betritt der Gastgeber das Restaurant zuerst, hilft seinen Gästen beim Ablegen und bittet den Kellner, seine Gäste zum reservierten Tisch zu führen. Am Rande: Lädt beispielsweise eine Firmeninhaberin einen Gast in ein Restaurant ein, so hält selbstverständlich sie ihrem Gast die Tür auf.

Praxistipp: Der Gastgeber begrüßt alle Gäste und macht – so noch nicht geschehen – die Gäste miteinander bekannt. Wird erwartet, dass Gäste einzeln oder nacheinander eintreffen, so sollte ein Aperitif-Empfang eingeplant werden. Anschließend werden die Plätze am Tisch eingenommen – nach Aufforderung und Vorantritt durch den Gastgeber.

Als Gast erscheinen Sie pünktlich und dem Anlass entsprechend gekleidet. Sie bringen keine nicht eingeladenen Personen mit. Das Gastgeschenk sollte dem Anlass und Ihrer persönlichen Beziehung zu dem Beschenkten angemessen sein. Wenn Sie jemandem eine wirkliche Freude bereiten wollen, so suchen Sie das Geschenk selbst aus. Orientieren Sie sich dabei an den Interessen des Beschenkten. Verzichten Sie auf ein allzu üppiges oder persönliches Geschenk. Sie wollen Ihren Gastgeber schließlich nicht „verpflichten". Während der Veranstaltung nehmen Sie Ihren Gastgeber nicht dauerhaft in Beschlag. Wichtig: Richten Sie nicht als Erster das Wort an die Gäste. Sie sollten auf übermäßigen Alkoholkonsum verzichten und sich grundsätzlich nicht auffällig verhalten.

Bei offiziellen Anlässen im Restaurant behält der Herr immer das Jackett und die Dame den Blazer an. Folglich dürfen Sie Ihre Jacke nicht über den Stuhl hängen. Herren öffnen ihr Jackett beim Hinsetzen und schließen es wieder bei jedem Aufstehen.

Der Gastgeber eröffnet das Essen, indem er zum Besteck greift und seinen Gästen ein schlichtes „Guten Appetit!" wünscht. Im Umkehrschluss bedeutet dies für den Gast, dass er keinesfalls unaufgefordert Platz nimmt oder gar als Erster mit dem Essen beginnt. Ein guter Gastgeber unterhält sich im weiteren Verlauf mit allen Gästen und hebt die Tafel auf.

Exkurs: Im Berufsalltag gilt, dass man keinen Alkohol vor Sonnenuntergang konsumieren sollte.

Tischreden werden traditionell nach dem Hauptgericht gehalten und zwar, sobald die Teller abgeräumt sind. Die Reihenfolge der Begrüßung zu Beginn der Rede entspricht der Rangfolge der Begrüßten. Nach der Rede wird mit dem edelsten Getränk angestoßen. Soll die Tischrede ausnahmsweise vor Beginn des Essens gehalten werden, so ist dies unbedingt mit der Küche abzustimmen. Sollen mehrere Tischreden gehalten werden, so sind Rednerfolge und Redezeiten vorab durch den Gastgeber festzulegen.

Handelt es sich bei dem Geschäftsessen um ein Büfett, so sollten Sie Ihren Teller nicht allzu sehr „überladen". Beachten Sie auch hier die Reihenfolge eines Menüs, also zuerst Vorspeise, dann Hauptspeise und zum Abschluss das Dessert. Mischen Sie auf Ihrem Teller niemals Kaltes mit Warmen sowie Fisch mit Fleisch. Bitte nehmen Sie die Speisen am Büfett immer mit dem dafür vorgesehenem Besteck und nicht mit Ihrem eigenen Besteck auf. Gehen Sie niemals mit einem bereits benutzten Teller zum Büfett, sondern nehmen Sie einen frischen.

Wird „à la carte" gegessen, so orientieren Sie sich im Zweifelsfall an der Wahl Ihres Gastgebers, um nicht etwa das teuerste Essen zu verspeisen. Bei einem Mehr-Gänge-Menü dürfen Sie gern einen Rest auf Ihrem Teller liegen lassen.

Ein „Zu-Prosten" findet bei offiziellen Essen eher selten statt. Wenn, dann heutzutage eher mit alkoholfreien Getränken, die bereitgehalten werden sollten. Beim „Zu-Prosten" bitte nur das Glas anheben, ohne damit anzustoßen.

Sitzen Sie im Restaurant aufrecht, mit einer Handbreite Abstand zum Tisch und mit angelegten Armen und Händen, die bis zu den Handgelenken (Praxistipp: Armbanduhr) auf dem Tisch liegen dürfen. Die Ellenbogen bleiben dabei möglichst eng am Körper. Führen Sie die Gabel zum Mund und fassen Sie langstielige Gläser im unteren Drittel am Stiel an. Der Gebrauch des Bestecks und das eigentliche Essen erfolgen geräuschlos. Messer und Gabel werden zwischen Daumen und Zeigefinger genommen, nicht in die Faust.

Praxistipp: Die Gläser werden stets von rechts nach links verwendet, die Bestecke von außen nach innen benutzt.

Falls Sie im Restaurant unsicher bezüglich der Verwendung von diversen Bestecken und/oder Gläsern sind, beobachten Sie ein klein wenig die anderen Teilnehmer und handeln dann so, wie Sie es für richtig halten.

Löffel werden nur mit der Spitze zum Mund geführt. Suppenteller sollten nicht zu stark geneigt werden. Meines Erachtens ist das Anheben des Suppentellers, um noch den letzten Tropfen zu verzehren, unfein (hierzu gibt es jedoch auch andere Auffassungen).

Praxistipps:

- Brechen Sie Brot in mundgerechte Stücke. Brötchen werden nicht mit dem Messer aufgeschnitten (außer beim Frühstück). Falls kein Brotteller vorhanden ist, legen Sie das Brot links neben Ihrem Teller auf das Tischtuch.

- Geflügel nehmen Sie bitte mit Messer und Gabel zu sich.

- Im Gegensatz zu früher dürfen Sie die Dekoration auf dem Teller (z. B. Salat, Tomaten, Früchte oder Petersilie) heutzutage vollständig aufessen.

- Bei allen Speisen, die man mit den Fingern essen kann, ist eine kleine Fingerschale zur Reinigung aufgestellt. Fehlt letztere, so ist dies ein Indiz dafür, dass man mit Messer und Gabel essen sollte.

Am Rande: Es ist erlaubt, Kartoffeln und Salat mit dem Messer zu schneiden und es ist auch erlaubt, Eier zu köpfen.

Ihre Serviette falten Sie erst auseinander, wenn der erste Gang kommt. Sie schlagen sie zu einem Drittel ein und legen sie auf Ihren Schoß. Die Serviette stopfen Sie sich aber niemals in den Kragen. Mit der Serviette tupfen Sie sich die Lippen ab, bevor Sie zum Glas greifen. Verlassen Sie kurz den Tisch oder haben Sie Ihr Essen beendet, so platzieren Sie die Serviette links neben Ihrem Teller – locker zusammengelegt. Papierservietten können neben oder auf dem Teller abgelegt werden.

Eine Selbstverständlichkeit: Nicht mit vollem Mund sprechen, nicht mit offenem Mund kauen und sich beim Essen Zeit nehmen.

Wenn Sie erkennen wollen, ob ein Mitmensch Manieren hat, beobachten Sie seinen Umgang mit dem Personal...

Legen Sie Ihr Besteck gekreuzt auf den Teller, so signalisieren Sie dem Personal eine kurze Unterbrechung. Wollen Sie andeuten, dass Sie Ihren Gang beendet haben, so legen Sie Ihr geschlossenes Besteck parallel (nach unten rechts) auf dem Teller ab. Benutztes Besteck darf keinesfalls auf das Tischtuch zurückgelegt oder am Tellerrand aufgestützt werden.

Unterläuft Ihnen beim Essen ein Malheur, so bitten Sie das Servicepersonal um Hilfe. Haben Sie Ihre Tischnachbarn geschädigt, indem Sie zum Beispiel ein Glas umgestoßen haben, so entschuldigen Sie sich verbal und bieten selbstverständlich an, die Kosten der Reinigung zu übernehmen. Legen Sie aber nicht selbst Hand an, um Flecken von fremder Kleidung zu entfernen. Ihre eigene Kleidung säubern Sie auf der Toilette, auf die Sie sich mit einer kurzen Entschuldigung zurückgezogen haben.

Zahnstocher werden nach dem Essen nicht verwendet! Nein, auch nicht hinter vorgehaltener Hand! Suchen Sie stattdessen dezent die Toilette auf.

Damen frischen ihr Make-Up nicht bei Tisch auf, sondern ziehen sich in die Toilettenräume zurück.

Weitere „No-Gos":

- Kopf in der Hand abstützen,

- Mit dem Besteck in der Hand gestikulieren,

- Zu Boden gefallenes Besteck oder die Serviette weiterbenutzen,

- Das Messer in den Mund stecken oder gar ablecken,

- Mit dem Tischnachbarn hinter vorgehaltener Hand tuscheln,

- Bei Tisch mit seinem Handy zu telefonieren.

Die Rechnung wird durch den Gastgeber beglichen, d.h. durch denjenigen/diejenige, der/die einlädt! Der Gastgeber/die Gastgeberin verlässt dazu kurz den Tisch, um im Hintergrund die Abwicklung zu übernehmen.

Falls Sie in einer anderen Situation im Restaurant Trinkgeld geben wollen, nennen Sie lediglich diskret den Betrag, den Sie zurück erhalten wollen und nicht die aufgerundete Summe. Da Trinkgeld nach wie vor eine freiwillige Leistung ist, müssen Sie kein Trinkgeld geben, wenn Sie beispielsweise mit Küche und/oder Service unzufrieden waren. Ansonsten gilt, je nach Zufriedenheit sind zwischen fünf und zehn Prozent angemessen.

Sie verabschieden sich – ausschließlich beim Gastgeber – frühestens dreißig Minuten nach dem Dessert. Am folgenden Tag danken Sie nochmals für den vorangegangenen Abend.

7 Festlichkeiten

Vorweg: Lädt das Unternehmen ein, so sollte man(n)/frau auch hingehen! Müssen Sie absagen, so sollten Sie den tatsächlichen Grund konkret anführen.

Praxistipp: Wählen Sie die richtige bzw. angemessene Kleidung, indem Sie einfach jemanden vom Organisationsteam oder aber mehrere Kollegen fragen, was angemessen sein könnte.

Als Chef sollten Sie in jedem Fall eine kurze! Rede vorbereitet haben, in der sie auf den Anlass eingehen.

Da es sich bei einer Firmenfeier oder einem Betriebsausflug immer um etwas anderes als eine Privatveranstaltung handelt, gilt: Wahren Sie Distanz, zeigen Sie Ihre Manieren und halten Sie sich bei alkoholischen Getränken zurück. Selbst dann, wenn die Feier im Verlauf auflockern sollte. Dies gilt insbesondere im Hinblick auf das andere Geschlecht, auch wenn man(n) die Kollegin aus der Verkaufsabteilung schon lange klasse findet.

Praxistipp: Da es immer einen nächsten Morgen gibt, verlieren Sie besser niemals die Kontrolle über sich! Sollte Ihnen jemand auf einer Feier das „Du" angeboten haben, so warten Sie bitte vorsichtig ab, ob dies im Nachhinein auch noch im Büro gilt.

Gehen Sie entspannt und locker in eine derartige Veranstaltung. Machen Sie als Mann den Damen ruhig kleine Komplimente. Tanzen Sie gelegentlich. Wahren Sie jedoch stets Distanz.

Beteiligen Sie sich an den Gesprächen: Unverfängliches Plaudern, zum Beispiel über Hobbies, ist erwünscht. Ergreifen Sie die Gelegenheit, sich auch einmal mit neuen Kollegen auszutauschen. Negativäußerungen und anzügliche Witze sollten Sie hingegen vermeiden. Wer jegliche Kommunikation verweigert, wirkt arrogant.

Praxistipp: Gute Zuhörer wirken sympathisch und bescheiden.

Exkurs: Bemerken Sie als Chef, dass einer Ihrer Mitarbeiter zu viel trinkt, so registrieren Sie dies bitte aufmerksam. Sie können den Mitarbeiter dann in der Zukunft – beispielsweise vor einem Kundentermin – warnen, sich entsprechend zurückzuhalten.

8 Netzwerken

Netzwerken wird allgemeinhin als Oberbegriff für den Aufbau und die anschließend Aufrechterhaltung von persönlichen und beruflichen Kontakten definiert.

Ich bin der Auffassung, dass in unserem modernen und durchgehend vernetzten Zeitalter die Fähigkeit zur Kommunikation sowie zur Bildung von Netzwerken entscheidend für den beruflichen Erfolg und sogar für ein erfülltes Leben ist. So können Beziehungen zwischen Menschen das Leben erleichtern, wobei Netzwerken natürlich keine Einbahnstraße ist, sondern immer aus Geben einerseits und Nehmen andererseits bestehen sollte.

Wie berichtet, sind Ihre Fähigkeiten und Ihre solide und handwerklich gute Arbeit die Grundlage und Basis Ihres beruflichen Erfolges. Vermutlich werden Sie jedoch nur dann Karriere machen, wenn Sie im Bedarfsfall auf Ihr sukzessive und zielorientiert entstandenes Netzwerk Zugriff haben.

Praxistipp: Verkriechen Sie sich keinesfalls nur strebsam in Ihrem Büro. Nehmen Sie stattdessen Einladungen – beispielsweise der Industrie- und Handelskammer – an. So werden Sie auch außerhalb Ihres Unternehmens persönlich bekannt und schaffen durch Ihren fachlichen Austausch einen erheblichen Mehrwert für Ihr Unternehmen. Am Rande: Kontakte schließen Sie meist in den Pausen derartiger Veranstaltungen.

Grundsätzlich – und nicht nur beim Netzwerken – gilt: Seien Sie offen für Menschen und neue Erfahrungen. Im Geschäftsleben ist die Kunst des Small-Talks ein wichtiger Erfolgsfaktor, um ein sich anschließendes, vertiefendes Gespräch führen zu können/dürfen und vielleicht sogar daraus eine neue Geschäftsbeziehung entstehen zu lassen. Ein Small-Talk sollte anregend und leicht sein. Lächeln Sie dabei und seien Sie charmant. Denken Sie stets daran: Die Kunst des Small-Talks, also der „kleinen Unterhaltung" zu beherrschen, ist faszinierend und sympathisch.

Praxistipp: Gehen Sie gelegentlich allein zu einer Veranstaltung. Sie werden sehen, Sie werden auf dieser Veranstaltung viel rascher Anschluss finden, als wenn Sie mit einer Gruppe Ihres Unternehmens unterwegs sind. In letzterem Fall bleiben Sie nämlich viel eher „untereinander."

Wagen Sie den Anfang und ergreifen Sie selbst die Initiative, indem Sie auf andere zugehen. Ein guter Einstieg für ein Gespräch sind Worte zum Anlass, zur Situation, Fragen zum Programm oder positive! Anmerkungen zur Örtlichkeit. Unverfänglich sind auch Sportthemen oder Gespräche über Reisen. Auch Tierfreunde haben prompt ein gemeinsames Thema. Also: Zu Beginn Belangloses und Offensichtliches!

Praxistipp: Achten Sie als Einstieg auf Vorkommnisse oder kleinere Pannen, die oftmals im Rahmen einer Veranstaltung vorkommen.

Exkurs: Lachen ist ein Sympathie-Magnet! Durch Humor können Sie eine entspannte Atmosphäre herstellen. Humor trägt dazu bei, Spannungen zu entschärfen. Und Menschen mit Charisma können über sich selbst lachen – auch, wenn ihnen ein Fehler unterläuft.

Bedenken Sie, dass beim Kennenlernen der so wichtige erste Eindruck durch Ihre Authentizität, Ehrlichkeit und vor allem Ausstrahlung bestimmt wird. So wird Ihrem Gegenüber Ihre (hoffentlich) positive Ausstrahlung ganz bestimmt nicht verborgen bleiben.

Erweisen Sie sich immer als guter Zuhörer, nicken Sie gelegentlich und verzichten Sie selbst auf Monologe sowie Witze. Fragen Sie bei Themen, die Ihr Gegenüber anspricht, mit Interesse nach. Zeigen Sie Ihr Interesse an dem, was Ihnen der Gesprächspartner erzählt. Und Interesse lässt sich am besten vermitteln, indem man offene Fragen stellt und aufmerksam zuhört. Offene Fragen sind solche, die sich nicht einfach mit „Ja" oder „Nein" beantworten lassen. Offene Fragen halten Ihr Gespräch am Laufen.

Praxistipp: Sprechen Sie Ihr Gegenüber wiederholt mit seinem Namen an!

Praxistipp: Weder das Outfit noch das Aussehen anderer Teilnehmer sollte negativer Gegenstand Ihres Gespräches sein. Des Weiteren lästern und tratschen Sie bitte nicht über andere.

Praxistipp: Mischen Sie sich nicht in fremde Gespräche ein. Ein guter Zeitpunkt, jemanden konkret anzusprechen, ist ein zufälliges Zusammentreffen beispielsweise am Büfett.

Auch hier gilt: Einer anwesenden Person wird eine hinzukommende Person vorgestellt. Dem Vorgesetzten ein neuer Mitarbeiter. Die Dame dem Herrn. Stellen Sie sich wie folgt vor: „Ich bin Alexander Sprick." Halten Sie sich bei Ihrer Vorstellung kurz und verzichten Sie auf die Nennung eigener akademischer Grade oder Titel (wenn Sie sich selbst vorstellen). Andersherum: „Kennen Sie schon Herrn …?" Bei der Selbstvorstellung bezeichnen Sie selbst sich aber niemals als „Herrn".

Sie sollten stets Ihre Visitenkarten dabeihaben, die Sie in einem Etui mit sich führen. Bei einem Geschäftstreffen werden Visitenkarten zu Beginn bei der Vorstellung überreicht. Anders bei einem Small-Talk. Hier gilt: Neigt sich der Small-Talk dem Ende entgegen, überreichen Sie Ihre Visitenkarte.

Nehmen Sie eine Visitenkarte entgegen, so sollten Sie Ihre eigene Karte ebenfalls überreichen. Übergeben Sie Ihre Karte so, dass Ihr Gegenüber die Karte nicht zunächst drehen muss, sondern den Text sofort lesen kann. Schauen Sie sich die von Ihrem Gesprächspartner erhaltene Karte sofort höflichkeitshalber an und stecken Sie die Karte nicht gleich respektlos weg.

Praxistipp: „Überfliegen" Sie eine erhaltene Visitenkarte, um festzustellen, ob Ihr Gegenüber einen akademischen Titel trägt. Sprechen Sie anschließend Ihren Gesprächspartner mit diesem Titel an. Nicht selten ergeben sich aufgrund weiterer Informationen auf einer erhaltenen Karte Zusatzaspekte für ein Gespräch. Ein beliebter und unverfänglicher Anknüpfungspunkt ist zum Beispiel eine Anekdote zu dem Ort. Vermerken Sie aber keinerlei Notizen auf fremden Visitenkarten.

Praxistipp: Falls Sie sich Namen schlecht merken können, sprechen Sie im ersten Gespräch den Namen Ihres Gegenübers mehrfach aus.

Praxistipp: Versuchen Sie stets mit solchen Mitmenschen Kontakt zu knüpfen, von denen Sie noch etwas lernen können!

Nutzen Sie Online-Netzwerke, aber versuchen Sie, derartig erlangte Kontakte durch ein persönliches Kennenlernen zu vertiefen und zu intensivieren. Ansonsten gehen Kontakte möglichweise verloren, weil sie vernachlässigt bzw. nicht gepflegt werden. Netzwerke regulieren sich nämlich häufig von selbst.

Zu guter Letzt: Kürzlich bemerkte ich in einem Online-Netzwerk, dass ein mir persönlich bekannter Hoteldirektor gerade arbeitslos war und eine neue Herausforderung suchte. Ich meldete mich umgehend bei ihm, um ihm einige aufmunternde Worte zuzusprechen, die er dankbar aufnahm. Merke: In einem derartigen Fall melden Sie sich bitte erst recht und bleiben in Kontakt! An eine solche Kontaktaufnahme wird man sich später gerne erinnern.

9 Führen und Delegieren

Nach meinem Dafürhalten sind Führungskräfte häufig vollkommen vom Tagesgeschäft bestimmt. Dabei verlieren sie oftmals aus den Augen, worauf das Unternehmen in einigen Jahren vorbereitet sein sollte. Da Führungskräfte die wertvollsten und teuersten! Mitarbeiter des Unternehmens sind, besteht die Kernaufgabe des Managements nämlich darin, die Zukunftsfähigkeit des Unternehmens zu sichern. Hierzu gehören insbesondere die Bereitschaft zu permanenter Modifikation und Innovation – und dies alles in einem dynamischen und sich ständig wandelnden Marktumfeld.

Einer guten Führungskraft sollte es vorrangig gelingen, Zusammenarbeit zu organisieren und Mitarbeiter zu führen. Bedenken Sie, dass es sich bei einem Unternehmen um ein hochkomplexes und „lebendes" Gebilde handelt. Die Hauptaufgabe des Managements besteht darin, die Mitarbeiter auf das Ziel des gemeinsamen Erfolges einzustimmen. Letztere sollten bestmögliche Rahmenbedingungen vorfinden, um dann ihre jeweiligen individuellen Fähigkeiten einbringen und sich selbst entfalten zu können. Eine gute Führungskraft ist dazu in der Lage, die notwendigen Rahmenbedingungen zu schaffen. Wichtig für ein funktionierendes Team sind Vertrauen und absolute Ehrlichkeit. Mangelndes Vertrauen, Misstrauen, Kontrollwahn, Unruhe und eine schlechte oder keinerlei Kommunikation vergiften hingegen die Arbeitsatmosphäre, machen unsicher und ersticken jedwede Kreativität im Keim. Insbesondere eine Einmischung in das Tagesgeschäft wird von den Mitarbeitern oftmals als kritisch angesehen. Häufig wirbelt die Führungskraft nämlich mehr durcheinander, als sie letztendlich Positives bewirkt.

Praxistipp: Seien Sie sich stets Ihrer tatsächlichen Aufgaben bewusst! Richtiges Delegieren erleichtert den Arbeitsalltag. Verleihen Sie deshalb den wichtigen Dingen mehr Gewicht und verstecken Sie sich nicht hinter irgendwelchen tagesgeschäftlichen Aufgaben. Lernen Sie, Ihre Prioritäten nach Wichtigkeit und Dringlichkeit zu kategorisieren. Sie selbst sollten nur dann Aufgaben persönlich und sofort angehen, wenn diese sowohl dringlich als auch wichtig sind. Beispielsweise sollte ein kaufmännischer Leiter nicht stundenlang in Online-Shops recherchieren, um einen USB-Stick für drei anstatt für fünf Euro einzukaufen.

Delegieren bedeutet, Verantwortung an andere abzugeben und deren Fähigkeiten exakt einzuschätzen zu können. So sind tagesgeschäftliche Aufgaben bei preiswerteren Kräften besser aufgehoben. Die Qualität von Führung liegt darin, herauszufinden, wer an welchem Platz eine optimale Leistung erbringen kann. Dazu sind zunächst die Aufgaben zu skizzieren, die delegiert werden können. Erstellen Sie daran anschließend im Rahmen einer sorgfältigen Bestandsaufnahme eine Kompetenz-, Erfahrungs- und Fähigkeiten-Liste Ihrer Mitarbeiter. Nehmen Sie dann eine entsprechende Zuordnung vor. Besprechen Sie mit jedem Mitarbeiter, warum gerade er mit der jeweiligen Teilaufgabe betreut wird. Heben Sie dabei seine Fähigkeiten und seinen Stellenwert im Rahmen der Gesamtaufgabe bzw. im Rahmen des Ganzen hervor. Natürlich benötigen unerfahrene Mitarbeiter mehr Anleitung als erfahrene Kräfte. Zudem sollte jeder Mitarbeiter regelmäßige Zwischen-Reports abgeben, um den Fortgang bzw. Fortschritt seiner Teilaufgabe(n) zu dokumentieren. Geben Sie – als Führungskraft – dazu einen detaillierten Zeitrahmen für die Erfüllung der Aufgabe vor.

Wie bereits dargelegt, setzt Verantwortung die Fähigkeit zum Delegieren voraus. Mit jeder Stufe auf Ihrer Karriereleiter übernehmen Sie Verantwortung für Prozesse, deren Details Sie selbst nicht mehr kontrollieren können. Hier wird von Ihnen erwartet, dass Sie zuvor die richtigen Mitarbeiter positioniert haben.

Sie selbst müssen einerseits „loslassen" können, andererseits den Gesamtüberblick behalten. Bedenken Sie bitte, dass das Tagesgeschäft in einem professionell organisierten Unternehmen immer soweit organisiert sein sollte, dass es vollständig und kompetent von den Mitarbeitern erledigt werden kann. Wenn dies nicht der Fall ist, so haben nach meiner Einschätzung die Führungskräfte versagt. Letztendlich erkennen Sie an der Qualität eines Teams auch immer die Führungsqualität des Vorgesetzten.

Insbesondere bei großen Projekten wird ohne eine funktionierende Arbeitsteilung kein Erfolg zu verwirklichen sein. Trauen Sie deshalb Ihren Mitarbeitern etwas zu.

Geben Sie nicht nur Ziele vor, sondern auch die erforderlichen Informationen zur Zielerreichung heraus. Ganz wichtig: Kommunizieren Sie!

Elementar: Ob ein derartiges Projekt ein Erfolg wird, hängt insbesondere davon ab, ob Sie selbst in der Lage sind, verständlich anzuleiten.

Praxistipp: Motivieren Sie Ihre Mitarbeiter durch positives Feedback! Nehmen Sie gezeigte Leistungen nicht einfach als Selbstverständlichkeit hin, sondern honorieren Sie Leistung durch Ihre Anerkennung. Bei Anerkennung handelt es sich nämlich um einen der wichtigsten zwischenmenschlichen Motivationsschübe.

Wird das Projekt erfolgreich abgeschlossen, so lassen Sie alle Beteiligten an dem Erfolg teilhaben. Danken Sie! Schließen Sie zudem jedes Projekt auch formal ab.

Für Führungskräfte ist Zeit ein wichtiges Thema oder gar Kapital. So sollten Führungskräfte, die unter permanentem Zeitdruck arbeiten, Ihre Arbeitszeit besser einteilen: Wichtiges hat Priorität! Beispielsweise sind nur E-Mails, die wirklich wichtig sind, prompt zu beantworten. Weniger wichtige E-Mails können delegiert oder zurückgestellt werden.

Exkurs: Zeitmanagement ist die Aufteilung/Kategorisierung Ihres (Arbeits-) Alltags in notwendige, wichtige und weniger wichtige Tätigkeiten. Ein guter Manager nimmt sich für diese Aufteilung durchaus einige Zeit zur sorgfältigen Planung. Er benötigt dann idealerweise weniger Zeit für die eigentliche Durchführung und sollte noch Reserven für Unvorhergesehenes eingebaut haben. Verwenden Sie für Ihre Planung am besten einen elektronischen Kalender, der Sie an Ihre Fristangelegenheiten erinnert. Merke: Erfolgreiche Manager konzentrieren sich auf die Dinge, die für die Erreichung Ihrer Ziele wichtig sind.

Beachten Sie auch, dass Ihre Leistungsfähigkeit im Verlaufe des Arbeitstages schwankt. Vormittags ist sie hoch, weshalb ich den Arbeitstag gern früh beginne. Nach dem Essen sinkt sie, ab ca. 16.00 Uhr steigt sie dann wieder bis zum frühen Abend an, um anschließend wieder abzusacken. Meine Empfehlung: Arbeiten Sie nicht gegen Ihren biologischen Rhythmus, sondern nutzen Sie Tiefphasen beispielsweise für soziale Kontakte und Routinetätigkeiten.

Praxistipp: Überprüfen Sie zum Feierabend, wie Sie den Tag tatsächlich zeitlich genutzt bzw. eingeteilt haben, denn erfolgreiche Manager überprüfen permanent, ob die Detailarbeit sie dorthin bringt, wo sie ursprünglich hinwollten.

Praxistipp: Planen Sie ein festes tägliches Zeitfenster ein, in dem Sie Ihre Telefonate führen. Übrigens: Wenn Sie sich in Ihrem Urlaub tatsächlich erholen wollen, so sollten Sie auch hier ein Zeitfenster einrichten, in dem Sie erreichbar sind. In der restlichen Urlaubszeit sollten Sie Ihr Handy dann ausschalten.

Praxistipp: Nutzen Sie doch einfach Wartezeiten auf Ihrem Flug oder Ihrer Zugfahrt für bestimmte berufliche Arbeiten. Auch Telefonate können von unterwegs geführt werden.

Zum Abschluss: Schieben Sie selbst keine wichtigen Tätigkeiten auf!

10 Verhalten in Krisensituationen

Vorweg: Sicherheit und Vorhersehbarkeit sind grundlegende menschliche Bedürfnisse. Aus einer Bedrohung eben dieser Grundbedürfnisse folgt unweigerlich Unsicherheit. Werden dann in diesem Stadium der Unsicherheit keine verifizierbaren Informationen bereitgestellt, so entstehen Gerüchte. Ebendiese Gerüchte münden wiederum in Zukunftsängsten der Betroffenen. Letztere beschäftigen sich verstärkt mit der eigenen Zukunft und weniger mit ihren eigentlichen Aufgaben im Betrieb. Im Ergebnis wird eher gezögert und abgewartet anstatt gehandelt.

Hier spielen nun Vorgesetzte eine wichtige Rolle. Sie müssen ihre Mitarbeiter durch ihr persönliches Auftreten und durch Integrität einerseits sowie durch die Bereitstellung korrekter, fundierter und verlässlicher Informationen andererseits informieren und motivieren. Kommt der Qualität der Mitarbeiterführung in wirtschaftlich ruhigen Zeiten bereits eine besondere und wichtige Rolle zu, so verstärkt sich ihr Effekt in Krisenzeiten ungemein. Auf der einen Seite erhöht sich nämlich der Arbeitsaufwand der Führungskraft zur Bewältigung der wirtschaftlichen Situation in dem eigentlichen und angestammten Aufgabenbereich immens, auf der anderen Seite soll die Führungskraft Orientierung geben, um das Vertrauen der Mitarbeiter zu behalten. Des Weiteren soll die Führungskraft Optimismus verbreiten, um einer potentiell negativen Stimmung im Unternehmen entgegenzuwirken. Gelingt ihr all dies nicht, so dürften die Leistungsträger das Unternehmen verlassen und die Leistungsbereitschaft der verbleibenden Mitarbeiter wird sinken. Die Situation wird sich verschärfen. Es folgt ein Abwärtsstrudel.

Gerade in wirtschaftlich schwierigen Situationen sollte der Fokus der Unternehmenstätigkeit auf Verkaufsaktivitäten gerichtet sein. Die Beschäftigung mit den (potentiellen) Kunden des Unternehmens hat hier oberste Priorität. Stattdessen wird oftmals der Fehler begangen, den Fokus allzu sehr auf das eigene Unternehmen zu richten.

Als Führungskraft sollten Sie wie folgt vorgehen:

- Gehen Sie vertrauensvoll auf potentielle Unsicherheiten Ihrer Mitarbeiter ein, indem Sie intern ehrlich über die aktuelle Krisensituation sprechen. Kommunizieren Sie jederzeit offen! Fair informierte Mitarbeiter werden bereit sein, Veränderungen mitzutragen und sogar selbst Einschnitte hinzunehmen. Unterlassen Sie hingegen eine offene Kommunikation, so wird in Form von Gerüchten hinter Ihrem Rücken gesprochen. In diesem Fall wird sich die Steuerung der Inhalte dem Einfluss der Führungskräfte entziehen. Die Auswirkung wird eine Verstärkung der Ängste Ihrer Mitarbeiter sein. Es werden Mutmaßungen über die weitere Unternehmensentwicklung angestellt. Gute Mitarbeiter werden Ihr Unternehmen verlassen und sicherere Angebote annehmen.

In Krisenzeiten zahlt es sich zumeist aus, wenn bereits zuvor ein offenes und faires Führungs- und Betriebsklima herrschte. In schwierigen Phasen kann eine langjährig verankerte Unternehmens- bzw. Vertrauenskultur eine wertvolle Stütze sein. Werden die in guten Zeiten formulierten Werte jedoch in einer Krisensituation ignoriert, so führt dies zu Verunsicherung und Widerstand.

- Zeigen Sie Ihren Mitarbeitern Perspektiven auf und verbreiten Sie Zuversicht und Optimismus. Sie sind selbst aktiv geworden und haben realistische Strategien zur Überwindung der Krise entworfen oder sogar bereits konkrete Maßnahmen eingeleitet? Dann kommunizieren Sie diese bitte auch offen. Werden den Mitarbeitern seitens der Unternehmensführung tragfähige und realistische Lösungsansätze aufgezeigt, so werden Leistungsbereitschaft und Motivation nicht weiter absinken.

- Binden Sie Ihre Mitarbeiter noch stärker als bislang ein. Letztere werden dann bereit sein, sich selbst stärker einzubringen. Zusätzliche Motivation und Energie wird freigesetzt. Da der jeweilige Mitarbeiter bzw. die jeweilige Abteilung sein/ihr Aufgabengebiet am besten kennt, wird weiterer Nutzen generiert.

- Versuchen Sie, den Druck, unter dem Sie stehen, nicht nach unten weiterzugeben und schaffen Sie keinesfalls ein Droh- oder gar Angstklima. Letzteres dürfte zweifelsohne kurzfristig einen Leistungsanstieg Ihrer Mitarbeiter bewirken, mittelfristig werden jedoch weitere Probleme auftreten (Erkrankungen, Konflikte unter Mitarbeitern etc.)

- Stärken Sie das „Wir"-Gefühl. Seit jeher verbinden Krisensituation Menschen. Suchen Sie deshalb das Gespräch mit Ihren Mitarbeitern. Tauschen Sie sich aus. Kommunizieren Sie mehr denn je. So wird der Zusammenhalt gestärkt und Sie erhalten den einen oder anderen konstruktiven Verbesserungsvorschlag. Bedenken Sie, dass sich sicherlich auch Ihre Mitarbeiter Gedanken darüber machen, welche konkreten Veränderungen vorgenommen werden könnten.

- Unterbinden Sie jede Form von Dissonanzen, Konflikten und Mobbing der Mitarbeiter untereinander. In einer Krisensituation neigen Mitarbeiter zu einem verstärkten Konkurrenzdenken. Dies führt häufig zu Missgunst. Mitarbeiter richten ihr Tun auf Sicherheit aus, anstatt innovative Wege aus der Krise zu suchen. Lassen Sie Ihren Mitarbeitern keinerlei Disziplinlosigkeiten durchgehen. Die Folge wäre eine – weitere – Verschlechterung des Betriebsklimas.

- Während einer Krisenphase wird Ihr Stresspegel permanent und unvermeidbar ansteigen. Nun liegt es an Ihnen, ob sich dieser Stress aufstauen kann oder ob sie ihn wieder abbauen. Treiben Sie in Ihrer Freizeit regelmäßig und moderat Sport, um Stress zu kompensieren, neue Kräfte zu schöpfen und eine gesunde Balance zu halten.

- Praxistipp: Sollten Sie als Führungskraft einem finanziell angeschlagenen Unternehmen vorstehen, so empfehle ich Ihnen, gegenüber den Bankinstituten ehrlich zu sein und eine vertrauensvolle Beziehung zu pflegen.

Als Angestellter sollten Sie wie folgt handeln:

- Richten Sie Ihren Blick in die Zukunft! Leider wird oftmals zurückgeschaut und noch dazu die Vergangenheit verklärt, indem ehemals aufgetretene Schwierigkeiten ausgeblendet werden. Deshalb: Ziehen Sie ruhig Ihre Lehren aus der Vergangenheit. Jedoch entscheidet Ihr heutiges und morgiges Handeln über Ihren Erfolg.

- In der Wissenschaft wird Wahrnehmung als unbewusstes und/oder bewusstes Filtrieren und Zusammenführen von Teil-Informationen zu subjektiv sinnvollen Gesamteindrücken definiert. Konzentrieren Sie sich bei Ihrer Wahrnehmung auf die positiven Signale. Blenden Sie bewusst negative Erscheinungen aus.

- Erhöhen Sie in einer Krisensituation Ihre Aktivitäten! Wenn Ihnen an Ihrem Arbeitsplatz ein Zustand nicht gefällt, so verändern Sie ihn bitte aktiv. Kommunizieren Sie dabei mit Ihren Kollegen. So vermeiden Sie das aufkommende Gefühl, gelähmt oder gar ausgeliefert zu sein.

- Sehen Sie die Krise als Chance, selbst herauszuragen. Wenn Sie persönlich jetzt brillieren, so wird man sich nach Entspannung der Situation daran erinnern. Dies hilft Ihrem Unternehmen jetzt und es wird Ihrer Karriere später förderlich sein. Der ehemalige brandenburgische Ministerpräsident Matthias Platzeck wurde 1997 bekannt, als er die Oderfluten meisterte. Deshalb: Meistern Sie professionell die jetzige Krisensituation!

- Vermeiden Sie bitte jede Form der destruktiven Kritik. Abgesehen davon, dass es auf Ihre eigene Person ein unschönes Licht wirft, werden derartige Negativäußerungen ein weiteres Absinken der Stimmung zur Folge haben und die Situation insgesamt verschlimmern. Äußern Sie Ihre Kritik lieber sachlich und ohne jemanden persönlich anzugreifen.

- Lenken Sie sich ab, indem Sie mit Ihren Kollegen nach Feierabend gelegentlich etwas gemeinsam unternehmen. Dies wird die Stimmung untereinander verbessern und alle Beteiligten kommen auf andere Gedanken.

11 Resümee und Ausblick

L iebe Leserinnen und Leser: Einige von Ihnen werden nun sicherlich anführen, dass hier eine ganze Menge von Ihnen erwartet wird und dass Ihnen selbst – gerade im Umgang mit Ihren eigenen Vorgesetzten – schon ganz andere Dinge widerfahren sind; Sie andere Erfahrungen gemacht und andere Verhaltensweisen erlebt haben.

Ich aber sage Ihnen: Wenn Sie wirklich Erfolg haben möchten, so müssen Sie dazu bereit sein, Anstrengungen und Mühen auf sich zu nehmen.

Deshalb: Führen Sie Ihr Leben jederzeit nach hohen moralischen Grundsätzen. So handelt derjenige moralisch, der seine Mitmenschen so behandelt, wie er selbst behandelt werden möchte. Geben Sie ein persönliches Beispiel und gutes Vorbild ab – durch Ihre Redlichkeit, Ihre Glaubwürdigkeit, Ihre Leistung und Ihr Verantwortungsbewusstsein. Persönliche Größe und Würde ist eine Sache Ihres eigenen Charakters sowie von Ehrlichkeit, Herz, Geist und Gütigkeit. Keinesfalls jedoch von finanziellen Reichtümern oder Gaben. Ehrlichkeit definiere ich dabei als die Übereinstimmung von Denken, Handeln und Reden. Menschen mit Ausstrahlung tragen keine Maske und zeigen immer ihr wahres Gesicht. Behalten Sie Ihr reines Gewissen. Sagen Sie nicht zu allem „Ja". Das verschafft Respekt und betont Eigenständigkeit. Ganz wichtig: Bleiben Sie sich stets selbst treu und verlieren Sie niemals Ihre Wunschträume aus den Augen. Über Ideale zu verfügen, bedeutet, sich eben nicht mit dem Erreichten zufriedenzugeben, sondern eine Verbesserung anzustreben.

Genießen Sie Ihren Erfolg, ohne dabei selbstgefällig zu werden. Freuen Sie sich über all das, was Sie erreicht haben, aber nehmen Sie es bitte nicht als Selbstverständlichkeit oder gar einen Selbstläufer hin. Denken Sie beispielsweise an den Ablauf eines Triumphzuges im antiken Rom. Ein Sklave, der hinter dem Triumphator stand, hielt diesem eine goldene Eichenlaubkrone über das Haupt und ermahnte ihn: „Respice post te, hominem te esse memento!", was so viel heißt wie „Sieh Dich um, denke daran, dass auch Du nur ein Mensch bist."

Negative Gedanken sind die größten Feinde unseres Selbstbewusstseins. Lernen Sie, ohne Negativgedanken wie Zorn, Neid oder gar Hass und Rache zu leben. Derartige Gedanken vernebeln Ihren klaren Verstand. Ich kann Ihnen aus eigener Erfahrung berichten, dass Sie erfolgreicher sein werden, wenn Sie verzeihen können und Ihren Blick optimistisch in die Zukunft richten.

Verhalten Sie sich gegenüber Ihren Mitmenschen nicht wie ein Relikt aus einer vergangenen Epoche, sozusagen ein Dinosaurier zu Zeiten des Trias oder Jura. Menschen kennenzulernen, mit Ihnen und Ihren individuellen Eigenheiten umzugehen, ist immer wieder ein faszinierendes Erlebnis. Lernen Sie, anderen Menschen zuhören zu können. Wer gern zuhört zeigt, dass ihn der andere interessiert. Charismatiker sind neugierig, gehen auf andere zu und sind offen für neue Erfahrungen.

Praxistipp: Wer Fragen stellt, signalisiert Interesse und wirkt sofort selbst interessant. Ferner erhält man eine Vorstellung davon, was in den Köpfen anderer gerade vorgeht.

Insbesondere von einer Führungskraft wird in fachlicher und gerade auch in menschlicher Hinsicht viel erwartet. So bewerte ich „Soft Skills", die viel beschriebene soziale Kompetenz, höher als Fachkenntnisse. Schätzen Sie deshalb die Menschen um sich herum und behandeln Sie niemanden von oben herab. Machen Sie gelegentlich ehrliche Komplimente. Sie schaffen damit eine Verbundenheit, in der es leichter fällt, andere zu überzeugen.

Nicht immer verlaufen Gespräche so, wie wir es uns wünschen. Je heftiger eine Auseinandersetzung wird, desto wichtiger ist es, die Nerven zu behalten. Bleiben Sie sachlich, werden Sie nicht ausfallend!

Als Führungskraft behandeln Sie alle Ihre Mitarbeiter fair, geben letzteren klare ergebnis- und aufgabenbezogene Ziele sowie klar definierte Arbeitsmengen und Zeitrahmen vor. Übertragen Sie Ihren Mitarbeitern Eigenverantwortung, kontrollieren Sie deren Ergebnisse und geben Sie abschließend ein Feedback.

Umgeben Sie sich mit Menschen, die einerseits humorvoll, andererseits intelligent, gefühlvoll und kultiviert sind, da die Menschen – mit denen Sie sich umgeben – Sie wiederum stark beeinflussen werden.

Charismatische Menschen sind dazu in der Lage, Gefühle zu zeigen. Wer Gefühle unterdrückt, wirkt verkrampft. Zeigen Sie deshalb in einem angemessenen Rahmen, dass Sie fröhlich, traurig oder wütend sind.

In unserer Gesellschaft mit ihrem Anspruchsdenken werden oftmals vordringlich Rechte eingefordert. Ich sage Ihnen: Denken Sie in einem ersten Schritt an Ihre Pflichten und erst in einem weiteren, zweiten Schritt an Ihre Rechte oder das Ihnen (vermeintlich) Zustehende! In unserer heutigen Gesellschaft brauchen wir Menschen, die dazu bereit sind, positiv zu beweisen, dass man mit Fleiß und wirklichem Engagement etwas erreichen kann. Unsere Großeltern hatten noch diese Sichtweise. Lassen Sie sich andererseits aber auch nicht „ausbeuten". Wenn Sie in Vorleistung gehen, so sollte die andere Seite diese Vorleistung respektieren und honorieren. Arbeitgeber, die dazu nicht in der Lage sind und sich stattdessen irgendwelchen Aktionären stärker verbunden fühlen, sind es aus meiner Sicht nicht wert. Finden Sie deshalb Ihren persönlichen Mittelweg. Setzen Sie Prioritäten. Zweifelsohne ist Arbeit ein wichtiger Bestandteil unseres Lebens. Die Balance zwischen Arbeits- und Privatleben ist jedoch ausschlaggebend für ein wirklich harmonisches Leben. Führen Sie deshalb ein ausgeglichenes Leben, indem Sie Ihre Familie, Ihre Karriere und Ihre Freizeit miteinander kombinieren. Nutzen Sie Ihre limitierte Zeit effektiv und mit Bedacht. Lernen Sie, sich zu entspannen, denn ohne Erholung werden Sie dauerhaft keine konstant gute Leistung erbringen können. Deshalb ist es sinnvoll, Ruhepausen einzuplanen, um Ihre Kräfte zu regenerieren. Treiben Sie Sport!

Mir scheint es wichtig, zur richtigen Zeit am rechten Ort zu sein. Vielen Menschen mag dies als glückliche Schicksalsfügung erscheinen. Zu bedenken ist jedoch, dass man oftmals erst durch konstante Arbeit an genau den Punkt gelangt ist, an dem man jetzt vermeintlich „Glück" hat. Anders: Glück entsteht sehr häufig durch eine positive Kombination aus Einstellung, Geisteshaltung, Mut und Fleiß. Karrieren ergeben sich keinesfalls von allein, sondern sind das Ergebnis einer sorgfältigen Planung und Recherche einerseits sowie von beständiger Arbeit, Anstrengungen und Opfern andererseits.

Finden Sie Ihre eigenen Ziele, verfolgen Sie sie dann und geben Sie nicht auf, bis Sie diese Ziele erreicht haben. Der Prozess der Arbeit mag Sie interessieren. Letztendlich ist jedoch das Produkt, welches am Ende des Weges steht, entscheidend. Verzetteln Sie sich deshalb nicht. Davon wird letztendlich in Ihrem Leben Ihr Erfolg abhängen! Natürlich bieten sich ständig Chancen und Gelegenheiten, Ihre Lebenssituation zu verbessern. Es liegt nun allein an Ihnen selbst, diese Chancen auch zu ergreifen. Deshalb sollten Sie immer einen Plan haben und auch planvoll agieren. Aus eigener Erfahrung kann ich Ihnen berichten, dass das Leben im Allgemeinen Überraschungen bereithält. So sollten Sie mit vielem rechnen und dann dazu in der Lage sein, selbständig Ihren Plan zu modifizieren und anzupassen.

Bringen Sie den nötigen Mut zur Veränderung auf. Angst verengt dabei Ihr Blickfeld. Ängste und Zweifel sind dazu da, erkannt und überwunden zu werden. Trauen Sie sich ruhig den ersten Schritt zu. Es ist wie beim Marathon-Lauf. Wenn man sich erst einmal dazu überwunden hat, den ersten Schritt zu gehen, so sind viele Kilometer machbar.

Auch wenn dieser Ratschlag umstritten sein mag: Wechsel sind das einzig Beständige im Leben. Jeder Wechsel bringt etwas Neues. Neue Erkenntnisse, neue Erfahrungen, neue Kollegen, neue Tätigkeitsfelder. Neu zu Erlernendes! Deshalb ein Ratschlag für Ihre Karriere: Wechseln Sie selbst, bevor Sie selbst ausgetauscht werden. Lernen Sie, entsprechende Signale zu lesen. Letztendlich kann meines Erachtens nur derjenige richtig gut sein und Besonderes leisten, der weiß, welche Fähigkeiten er hat. Dazu gehört oftmals, mehrere Ausbildungen und Tätigkeiten auszuprobieren und auch den Mut zu haben, sich später noch einmal neu zu orientieren.

Verinnerlichen Sie, dass Qualifikation ein lebenslang währender Prozess aus Arbeit und Lernen ist.

Natürlich wird Ihnen niemand eine Haftungsgarantie dafür geben, dass Sie Ihren erhofften Erfolg tatsächlich erzielen werden. Aber bedenken Sie, dass Risiken manchmal unvermeidlich sind, wenn Sie vorankommen wollen. Nur wer wagt, kann gewinnen. Deshalb: Gehen Sie Risiken überlegt und Ihrer persönlichen Situation entsprechend ein.

Zu Beginn führte ich aus, dass Sie Ihre Tätigkeit(en) lieben müssen, um wirklich erfolgreich zu sein. Ihr Arbeitsalltag sollte Sie ausfüllen und innerlich befriedigen. Ich bin davon überzeugt, dass dies nur dann funktioniert, wenn Sie Ihre physischen und psychischen Talente, Ihre Fähigkeiten, Ihre Stärken, Ihre Interessen, Ihre Kreativität! und Ihre Begeisterungsfähigkeit (er-)kennen und kombinieren. Nur so werden Sie in der Lage sein, eine Tätigkeit ausüben, die Sie wirklich mit Glück erfüllt. Deshalb: Streben Sie nicht nur eine Karriere an, sondern folgen Sie Ihren eigentlichen inneren Interessen, Ihrer Berufung.

Der Schlüssel zu Ihrem Erfolg liegt ausschließlich und immer bei Ihnen selbst. Am Rande: Fachlich liegt er oftmals in einer pedantischen Vorbereitung. Wenn Sie den Erfolg bei anderen Menschen suchen, werden Sie Ihren persönlichen Erfolg vergebens suchen.

Als Resümee meine Definition von Karriere: Karriere ist die Summe der durch Arbeit, Fleiß, Können und Leistung erlangten persönlichen Erfolge.

www.tredition.de

Über tredition

Der tredition Verlag wurde 2006 in Hamburg gegründet. Seitdem hat tredition Hunderte von Büchern veröffentlicht. Autoren können in wenigen leichten Schritten print-Books, e-Books und audio-Books publizieren. Der Verlag hat das Ziel, die beste und fairste Veröffentlichungsmöglichkeit für Autoren zu bieten.

tredition wurde mit der Erkenntnis gegründet, dass nur etwa jedes 200. bei Verlagen eingereichte Manuskript veröffentlicht wird. Dabei hat jedes Buch seinen Markt, also seine Leser. tredition sorgt dafür, dass für jedes Buch die Leserschaft auch erreicht wird

Autoren können das einzigartige Literatur-Netzwerk von tredition nutzen. Hier bieten zahlreiche Literatur-Partner (das sind Lektoren, Übersetzer, Hörbuchsprecher und Illustratoren) ihre Dienstleistung an, um Manuskripte zu verbessern oder die Vielfalt zu erhöhen. Autoren vereinbaren unabhängig von tredition mit Literatur-Partnern die Konditionen ihrer Zusammenarbeit und können gemeinsam am Erfolg des Buches partizipieren.

Das gesamte Verlagsprogramm von tredition ist bei allen stationären Buchhandlungen und Online-Buchhändlern wie z. B. Amazon erhältlich. e-Books stehen bei den führenden Online-Portalen (z. B. iBook-Store von Apple) zum Verkauf.

Seit 2009 bietet tredition sein Verlagskonzept auch als sogenanntes "White-Label" an. Das bedeutet, dass andere Personen oder Institutionen risikofrei und unkompliziert selbst zum Herausgeber von Büchern und Buchreihen unter eigener Marke werden können.

Mittlerweile zählen zahlreiche renommierte Unternehmen, Zeitschriften-, Zeitungs- und Buchverlage, Universitäten, Forschungseinrichtungen, Unternehmensberatungen zu den Kunden von tredition. Unter www.tredition-corporate.de bietet tredition vielfältige weitere Verlagsleistungen speziell für Geschäftskunden an.

tredition wurde mit mehreren Innovationspreisen ausgezeichnet, u. a. Webfuture Award und Innovationspreis der Buch-Digitale.

tredition ist Mitglied im Börsenverein des Deutschen Buchhandels.

MIX

Papier | Fördert
gute Waldnutzung

FSC® C083411

Zeitfracht Medien GmbH
Ferdinand-Jühlke-Straße 7
99095 Erfurt, Deutschland
produktsicherheit@kolibri360.de